北京高等学校卓越青年科学家项目（JJWZYJH01201910003010）
北京市科学技术协会 2019~2021 年度青年人才托举工程项目 资助

北京市公共教育资源空间公平性研究

王 淼 杨伯钢 著

中国城市出版社

图书在版编目（CIP）数据

北京市公共教育资源空间公平性研究／王淼，杨伯钢著.
—北京：中国城市出版社，2020.8
ISBN 978-7-5074-3282-4

Ⅰ.① 北… Ⅱ.① 王… ② 杨… Ⅲ.① 基础教育-资源分配-研究-北京 Ⅳ.① G639.2

中国版本图书馆CIP数据核字（2020）第093838号

本书旨在从基础教育资源空间公平性的角度，系统地研究分析北京市公共教育资源的现状、差异，试图分析失衡原因，揭示其特征与本质。全书共分为5章，第1章介绍研究背景、目的、内容和研究技术路线等概况；第2章介绍教育公平与空间公平性的思想渊源、概念、相关基础理论、国内外研究综述和研究案例；第3章介绍4个一级指标、9个二级指标和41个三级指标组成的公共教育资源空间公平性评价指标体系；第4章从机会公平、质量公平、群体间教育公平、空间配置公平4个方面进行现状分析，并进行空间模型评估和政策评估；第5章阐述基础教育公平性的现状情况与问题、影响因素与机制、建议与策略。本书内容全面，条理清晰，可供相关专业从业人员参考使用。

本书著作权归北京市测绘设计研究院所有。

责任编辑：王砾瑶
版式设计：锋尚设计
责任校对：李美娜

北京市公共教育资源空间公平性研究
王　淼　杨伯钢　著
*
中国城市出版社出版、发行（北京海淀三里河路9号）
各地新华书店、建筑书店经销
北京锋尚制版有限公司制版
北京建筑工业印刷厂印刷
*
开本：787×960毫米　1/16　印张：10　字数：166千字
2020年10月第一版　2020年10月第一次印刷
定价：45.00元
ISBN 978-7-5074-3282-4
（904272）

版权所有　翻印必究
如有印装质量问题，可寄本社退换
（邮政编码100037）

前言

教育是民生的主体和基础,是社会治理能力和公平正义程度的重要体现,它的便利性、效益性和可达性在很大程度上影响着人们在城市中的生活质量。教育公平的人民性、整体性,唯物辩证地阐明了教育公平的历史性、相对性。教育影响深刻,且代际流动性显著,尤其在公共教育上,每个人都是其参与者、建设者、受益者。因此,可以说教育公平是公共教育资源配置的重要原则,是社会公平体现的关键,是人类社会共同追求的理想和目标。

近年来由于北京市人口大规模集聚,加之城市空间的不断扩张,虽然从整体上看,北京教育数量相对于其他城市较多,但是由于经济水平、政策、家庭等原因,在不同的地区、城乡、区域、校域之间差异较大,突出体现在教育资源空间分布严重不均衡,部分基础教育学位缺口依然较大,学前教育设施和教师依然紧缺。目前,北京市所推行的义务教育资源均衡均以区县为单位,也就是区县范围内的"小均衡",而非全市范围内的"大均衡",跨区县教育资源均衡问题亟待解决。本书旨在从基础教育资源空间公平性的角度,系统地研究分析北京市公共教育资源的现状、差异,试图分析失衡原因,揭示其特征与本质。

本书梳理了国内外关于教育公平和资源空间配置的相关理论研究,综述国内外公共教育资源空间公平性研究的总体发展现状,基于系统性、科学性、可比较、可操作的原则构建了公共教育资源空间公平性评价指标体系,利用GIS空间分析技术方法,对北京市公共教育资源空间布局进行现状分析与问题梳理,结合北京实际,提出相应的控制差异发展的方法、建议和意见。全书共分为5章,第1章介绍研究背景、目的、内容和研究技术路线等概况;第2章介绍教育公平与空间公平性的思想渊源、概念、相关基础理论、国内外研究综述和研究案例;第3章介绍由4个一级指标、9个二级指标和41个三级指标组成的公共教育资源空间公平性评价指标体系;第4章从机会公平、质量公平、群体间教育公平、空间配置公平等5

个方面进行现状分析，并进行空间模型评估和政策评估；第5章阐述基础教育公平性的现状情况与问题、影响因素与机制、建议与策略。

本书相关数据主要来源于：北京市地理国情常态化监测2018年成果、北京市教育委员会《2017~2018学年度北京市教育委员会统计数据》、北京市统计局《北京区域统计年鉴2018》等。

本书在编写过程中，得到了单位领导、行业专家和研究人员的大力支持，值此出版发行之际，谨向关心此书的编辑出版，为之付出劳动的所有人员，表示诚挚的谢意。

空间公平性的概念、基础理论、分析模型、评估方法等理论与技术正处于快速发展之中，相关的研究还在不断地完善，由于笔者知识和能力有限，书中疏漏在所难免，欢迎各界同仁批评指正。

2020年4月于北京

目录

1 研究概况

1.1 研究背景 002
1.2 研究目的 003
1.3 研究内容 004
1.4 研究技术路线 005

2 教育公平性与空间公平性相关研究综述

2.1 公平与正义的思想渊源 008
2.2 概念界定 010
  2.2.1 教育资源 010
  2.2.2 基本公共教育服务 012
  2.2.3 教育机会 012
  2.2.4 公共教育资源 013
  2.2.5 公平性 013
  2.2.6 空间公平性 014
  2.2.7 教育公平 015
2.3 相关理论基础研究 016
  2.3.1 公平正义理论 016
  2.3.2 区位理论 018
2.4 国内外相关研究综述 019
  2.4.1 国外对空间资源公平性的研究 019

  2.4.2 国内对空间资源公平性的研究 022
 2.5 国内外研究案例借鉴 023
  2.5.1 国外研究案例 023
  2.5.2 国内研究案例 024

3 教育公平性与空间公平性指标体系

 3.1 国内外相关评价体系研究 028
  3.1.1 国外相关评价体系研究 028
  3.1.2 国内相关评价体系研究 028
 3.2 规划标准 029
 3.3 评价指标体系构建 032

4 北京市教育资源空间公平性分析与评估

 4.1 现状评估 036
  4.1.1 机会公平 036
  4.1.2 质量公平 060
  4.1.3 群体间教育公平 087
  4.1.4 空间配置公平 094
 4.2 模型评估 106
  4.2.1 缓冲区分析 106
  4.2.2 首位度 119
  4.2.3 受益归宿分析法（BIA） 121
  4.2.4 信息熵 124
  4.2.5 洛伦兹曲线 129
  4.2.6 灰色关联分析法模型构建 133
 4.3 政策评估 138

5 建议与策略

- 5.1 现状情况与问题小结 142
  - 5.1.1 教育资源集聚明显,配置不均衡 142
  - 5.1.2 优质教育资源紧缺,分布不均衡 142
  - 5.1.3 教育机会不公平、不均衡 143
- 5.2 影响因素与机制分析 144
  - 5.2.1 区域经济发展不平衡 144
  - 5.2.2 教育政策的非公平倾向 145
  - 5.2.3 人口基础与教育资源空间配置不匹配 145
- 5.3 建议与策略 146
  - 5.3.1 推进学校标准化体系建设 146
  - 5.3.2 提高基础教育的影响力 146
  - 5.3.3 优化教育投资,合理配置教育资源 147
  - 5.3.4 建成公平、优质、创新、开放的教育体系 147
  - 5.3.5 推进优质化、多样化、规范化教育模式 148
  - 5.3.6 建立出生和入学需求动态监测机制 148
  - 5.3.7 制定适应学龄人口变化的教育发展规划 148
  - 5.3.8 探索教师弹性编制和灵活用人机制 149

参考文献 150

1 研究概况

1.1 研究背景

教育、医疗和住房三件事是民生的主体和基础，也是社会治理能力和公平正义程度的重要体现，它的便利性、效益性和可达性在很大程度上影响着人们在城市中的生活质量。

习近平总书记在不同场合多次强调教育公平，指出要"努力让每个孩子享有受教育的机会""要努力让每个适龄儿童都能享受良好的教育，都有人生出彩的机会，都能实现个人的梦想和追求"。习近平总书记指出，"我们讲促进社会公平正义，就要从最广大人民根本利益出发，多从社会发展水平、从社会大局、从全体人民的角度看待和处理这个问题""在不同发展水平上，在不同历史时期，不同思想认识的人，不同阶层的人，对社会公平正义的认识和诉求也会不同"。习近平总书记不仅特别强调了教育公平的人民性、整体性，还唯物辩证地阐明了教育公平的历史性、相对性。由此可知，我们追求的教育公平是面向全体适龄儿童的教育公平，是要在教育发展之中使人民当中的每一个阶层、每一个群体特别是低收入阶层都有幸福感、获得感、满足感；我们追求的教育公平是基于对教育公平相对性、承继性的科学认知和经济社会发展现实条件的稳步推进。

教育公平是人类社会共同追求的理想和目标。长期以来，人们为了实现这一目标进行了不懈的努力，取得了许多成就。十九大报告中，习总书记作出了中国特色社会主义进入新时代，我国社会主要矛盾已经转化为人民日益增长的美好生活需要和不平衡不充分的发展之间的"矛盾"的重大判断，明确指出人民在公平、正义等方面的要求日益增长，发展不平衡不充分已成为更加突出的问题，已成为满足人民美好生活需要的主要制约因素。保障和改善民生要抓住人民最关心最直接最现实的利益问题，要优先发展教育事业。建设教育强国是中华民族伟大复兴的基础工程，必须把教育事业放在优先位置，加快教育现代化，办好人民满意的教育。在政府工作报告中明确指出"发展公平而有质量的教育"。公平，强调的是机会，要让每一个人都有平等机会通过教育改变自身命运；质量，突出的是品质，要更好地满足人民群众日益增长的教育需要。可见"公平而有质量"切中肯綮，顺应了时代潮流，契合了群众诉求，是我们在新时代办好人民满意的教育必须牢牢把握的两个重要关键词。

教育公平是社会公平体现的关键。百年大计，教育为本。要想不断提高国民素质、促进人的全面发展唯有率先实现教育的繁荣。纵观人类的历史长河，人类为了自身与社会的可持续发展总是要不断地进行人类自身的再生产和物质的再生产，在这一过程中就会出现消费的同时伴随着积累。没有公平的社会如同没有灵魂的社会，教育公平作为社会公平的一部分，不仅是社会公平的延伸，更是社会公平体现的关键。所以，认真研究教育中的教育公平问题，以及如何促进教育公平的问题，无论是理论方面还是实践方面都意义重大。

教育公平是教育资源配置的重要依据。在当前我国经济发展的转型过程中，教育发展在城乡差距、地区差距和阶层差距等问题日益突出，已经引起了广泛的社会关注。注重对教育公平的研究，有助于了解我国教育公平的整体状况，并且能够从地区的视角、城乡的视角，还有不同阶层的视角来重新审视教育公平，能够为教育政策调整、教育资源配置提供一定的借鉴意义。教育公平，是指对教育资源进行配置时所依据的合理性原则。当前教育公平成为全世界的共同挑战，也成为我国提高国民综合素质的迫切需求，北京市作为我国的首都，经济发展居于全国前列，教育资源也相对丰富，研究北京市教育资源的配置特别是教师资源的配置公平性如何，对于深入认识首都教育发展将起到非常重要的作用。

1.2 研究目的

公共教育资源空间公平是跟城市的教育空间结构与功能布局密不可分的一种动态相对稳定的状态。对于研究的区域范围，首先应从现状着手，摸清"家底"，明确幼小、初中、高中学校的空间分布、在校师生数量构成、学校基础设施及配套、城市人口构成、政府教育支出、家庭收入分配情况等。同时在此基础上，结合教育公平性指标及空间公平性指标，完成"公共教育资源空间公平性研究报告"，作为后续规划和政府决策的依据和引导。

基于《中华人民共和国国民经济和社会发展第十三个五年规划纲要》和《国家中长期教育改革和发展规划纲要（2010~2020年）》（以下简称《教育规划纲要》）

的目标和要求，研究分析北京市关于人口、学校、产业、用地、交通、公共服务基础设施等的基本现状，开展公共教育资源空间分布的测算分析、专题图绘制及公众问卷调查等工作，综合分析评价北京市公共教育资源的现状，挖掘影响公共教育资源空间公平性的因素，对出现的问题提出应对策略，从而支持规划决策。

综上，以北京市地理国情监测获取的公共教育空间数据及其他开源数据，提供全方位多角度的城市教育现状分析，并利用科学合理的分析评价指标体系评判现状，预测未来的发展方向和趋势。

1.3 研究内容

近年来北京市由于人口大规模集聚，加之城市空间的无序扩张，出现了严重的交通拥堵、环境污染、住房困难等典型的城市病，严重制约了北京市的可持续发展和生态文明建设。北京为控制人口出台一系列政策让大量非京籍儿童陷入无学可上的尴尬，这项调控政策引来极大的争议。通过对父母就业、缴纳社保以及暂住设置条件，大量非京籍儿童难入学。"这违背了义务教育法，也会影响孩子的一生。"

从整体上看，北京教育数量相对于其他城市较多，但空间分布严重不均衡。北京目前部分区县基础教育方面，义务教育学位缺口依然较大，学前教育设施和教师依然紧缺。北京市所推行的义务教育资源均衡均以区县为单位，也就是区县范围内的"小均衡"，而非全市范围内的"大均衡"，跨区县教育资源均衡问题亟待解决。

本书研究的公共教育资源的空间分配是否均衡主要是针对不同区县的京籍学龄人（户籍和非户籍）、同一区县内的京籍和非京籍学龄人。

每个人都是公共教育的参与者、建设者、受益者，没人能置身事外。努力办好人民满意的教育，促进教育公平，提升教育质量。增加学前教育资源，扩大普惠性幼儿园覆盖面。深入推进学区制改革和九年一贯制办学，促进教育资源优质均衡配置。完善义务教育和高中阶段教育体系，全面实施素质教育。健全来京务工人员随迁子女接受义务教育保障机制。构建灵活开放的终身教育体系，建设学习型城市。

本书主要研究内容包括以下几个方面：

1. 相关理论梳理

通过文献研究法梳理国内外关于教育公平和资源空间配置的相关理论研究，

分析北京市公共教育资源均衡发展的理论基础，分析失衡原因，积极探索符合北京市特色的公共教育资源空间公平性理论体系。

2. 国内外相关研究现状

通过文献搜集、整理、归纳，了解公共教育资源的建设背景、目的和意义，在综述相关研究的基础上，对国内外公共教育资源空间公平性研究的总体发展现状进行分析，预测未来研究方向和趋势。

3. 空间公平性评价指标研究

基于系统性、科学性、可比较、可操作的原则，结合文献研究、案例调研、专家访谈、结构性访谈等多元角度，构建由4个一级指标、9个二级指标和41个三级指标组成的公共教育资源空间公平性评价指标体系，对北京市公共教育资源空间分布现状进行分析和评价。

4. 北京市现状和问题分析

综合运用可达性分析、叠加分析、空间匹配、网络分析、空间差值、位置分配等GIS空间分析技术方法，对北京市公共教育资源空间布局进行现状分析与问题分析；通过结构性访谈的方法，从受访者角度分析其对公共教育资源在空间配置、空间布局、空间位置、满意度和期望度5方面的主观感受，加强大众在公共教育资源空间公平性建设监督和评估过程的参与度，以及辅助相关决策参与。

5. 提出建议和意见

在借鉴相关研究和理论的基础上，根据北京市公共教育资源的现状分析、综合评估、空间评估和政策评估结果，从资源配置角度科学地认清公共教育资源发展的差异，分析失衡原因，揭示其特征与本质，结合北京实际，提出相应的控制差异发展的方法、建议和意见。

1.4 研究技术路线

本书选取北京市地理国情监测获取的公共教育空间数据作为主要数据源，结合行政区划、人口普查、经济普查、互联网和统计年鉴等专题资料，综合运用可达性分析、叠加分析、空间匹配、网络分析、空间差值、位置分配等GIS空间分析方法，统计各区划的面积、人口规模，计算各类教育设施的数量、从业人员、类型、类别和规模，测算和研究教育资源的比重、差异、空间分布密度、建筑强度、空间基尼系数、人口分布等相关指标，进而对公共教育资源空间分布的公平性进行分析与评价。

通过基于GIS空间分析方法对北京市公共教育资源的空间布局进行实证分析与评价，提出空间布局的整合措施及优化策略，能够为非首都功能疏解、教育资源空间规划和选址、教育资源配置合理性分析、资源配置与人口政策协调等重点工作提供决策依据、建议意见及优化方案，推进教育资源的空间布局调整，为公共教育设施与城市总体规划、区功能定位、人口变动和产业布局相匹配，为提升公共教育设施服务的便捷程度提供技术支撑和决策依据（图1-1）。

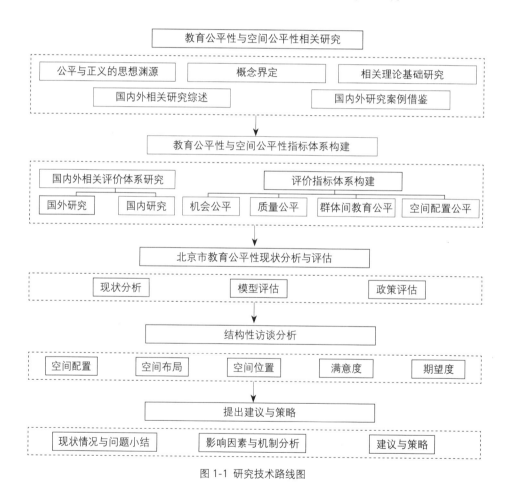

图1-1 研究技术路线图

2 教育公平性与空间公平性相关研究综述

2.1 公平与正义的思想渊源

公平正义具有丰富的内涵。虽然"公平正义"一词已为大众耳熟能详,但人们对公平正义的理解,可谓仁者见仁、智者见智。从字面意义看,作为一种道德要求和品质,公平是指按照一定的社会标准(法律、道德、政策等),正当的合理的待人处事,是制度、系统、重要活动的重要道德品质。正义则是指公正的义理,包含社会正义、政治正义和法律正义等。从学科领域来看,公平正义是一个涉及哲学、社会学、政治学、经济学、文化学、伦理学、法学等诸多学科领域的道德品质和要求,是公平、公正、正义、平等等概念和理念的集合体。从本质上讲,公平正义是人们的一种生存理念,是作为调节人们之间社会关系的一种价值评价标准,属于社会价值评价体系,是利益关系的衡量尺码。

早在春秋战国时期诸子百家就已经对社会的公平正义问题进行了思考。伟大的思想家孔子就是平等、平均思想的主张者之一,他提出:"有国有家者,不患贫而患不均,不患寡而患不安,盖均无贫,和无寡,安无倾",表现出对公平、均等的社会秩序的追求,作为教育家的他又提出"有教无类""因材施教""温故而知新""知之为知之,不知为不知"等许多有关教育公平的思想。"兼相爱,交互利"是墨子提出的公平正义原则,这一原则由爱人利人、道德平等、对等互报三方面构成。

随着资本主义生产方式的产生和发展,自由和平等曾作为统一口号成为资产阶级争取独立和解放的思想武器,资产阶级在反对封建制度的斗争中及在发展资本主义生产的过程中废除了个人特权,实现了个人在法律上的平等权利,政治上的自由平等取得了显著成就,人们社会政治参与日益普遍。但形式上的公平的资本主义制度却导致现实中种种不公平的经济现象,分配不公日益严重。探索公平正义的新社会制度的社会主义思潮在这种背景下应运而生,18~19世纪,空想社会主义者将资本主义不公正归根于资本主义的私有制度,因此,必须变革原有社会,代之以新的社会,即社会主义社会。他们主张在消灭私有制的基础上,消除各种奴役及不平等,使所有人享有平等的劳动机会、平等获得劳动成果的权利、平等的受教育及平等的享受权利。空想社会主义者不能正确说明资本主义剥削的本质，找不到实现社会公平和正义的途径与阶级基础，所以只能以失败告终，但空想社会主义的思想为马克思主义的公平正义观提供了重要的思想源泉。

马克思、恩格斯认为，各种公平观念、公平原则都是特定社会生产关系的反映，最终受制于该社会生产力的发展水平，并对生产力的发展产生反作用。马克思、恩格斯把社会经济形态的发展看作自然历史的过程，他们总是在社会历史发展的必然性中寻求向未来社会转化的条件，昭示从不公平社会向公平正义的美好社会转变的进程和规律。以平等权利为核心的资产阶级公平正义观取代以人的不平等为自然基础的前资本主义社会的公平正义观，具有历史进步性。资产阶级公平正义观是资本主义商品交换领域的意志关系和契约关系的观念表现，因而是形式与内容的分离。马克思、恩格斯在唯物史观和剩余价值学说两大发现的基础上，科学揭示了社会公平正义发展的本质规律，实现了公平正义观的根本变革，其是从生产力与生产关系、经济基础与上层建筑的基本矛盾出发，说明社会公平的物质基础、本质特征及发展趋势的。马克思、恩格斯的公平正义观是以"每一个社会成员都获得自由而全面的发展"为核心的，它使公平正义的主题由抽象的平等要求转变到每一个人自由而全面发展，这一转变建立在客观历史发展进程的基础之上，是对资产阶级以平等权利为主题的公平正义观的超越。马克思、恩格斯认为只有消灭私有制和剥削，打碎旧的国家机器，实现生产资料的社会占有及生活资料的按劳分配乃至按需分配，才有可能"结束以牺牲一些人的利益来满足另一些人的需要的状况"，使"所有人共同享受大家创造出来的福利"，使"社会全体成员的才能得到全面发展"，这就为实现社会主义和共产主义真正意义的公平指明了正确的方向。为了确保人人共享、普遍受益原则的实现，消灭社会中的不公平现象，马克思、恩格斯在《共产党宣言》中提出了许多具体的措施，如："剥夺地产，把地租用于国家支出""把农业和工业结合起来，促使城乡对立逐步消灭""征收高额累进税""对所有儿童实现公共的和免费的教育"，等等。

列宁领导建立了世界上第一个社会主义国家苏联，其将经济平等具体地表述为劳动的平等和产品分配的平等，即由国家统一占有生产资料并进行统一生产经营，按"多劳多得，少劳少得，不劳动不得食"的原则将公平与效率统一起来。社会主义制度的建立废除了剥削，真正赋予了全体社会主义公民经济、政治、文化、社会生活等各方面的平等权利，而且为公民享有这些权利提供了必要的物质和政治保障，极大地丰富了社会公平正义的内涵，为公平的实现创造了条件。

公平正义在西方思想文化中具有深厚的渊源和阶级局限性。古希腊时期，柏拉图在《理想国》中首先提出了公平和正义的问题，强调公平即和谐。同时，他把正义看作个人和国家的"善德"。"正义就是只做自己的事而不兼做别人的事"。亚里士多德认为，公平就是公正、平等，强调"公正是一切德性的总汇"。进入中世纪以后，在神学笼罩下，公平正义成为一种基于某种"天然"权利的"得其所应得"的道德律令。文艺复兴以后，公平正义逐渐成为资产阶级的革命口号和价值追求。随着资本主义革命的胜利和资本主义制度的日渐成熟，公平正义的价值理念也逐渐成为资产阶级的核心价值观。客观上讲，资产阶级提出公平正义的观念不仅对资产阶级革命有巨大的意义，对资本主义社会本身制度体系的构建和社会的运行以及良性发展也有重要意义和价值。但是，深究其本质和目的，不难看出资产阶级公平正义理念与价值的阶级和时代局限性。这种将公平正义推到无以复加高度的理论说辞具有很强的迷惑性。事实上，公平正义作为一种道德规范也好，作为一种价值标准也罢，本身具有阶级性和时代性。马克思曾指出，公平的权利"永远不能超出社会的经济结构以及由经济结构所制约的社会的文化发展"。这就是说，公平正义是社会历史的产物，阶级限度内的价值理念和道德标准。在阶级社会中，公平正义带有鲜明的历史性和阶级性，从来就没有超阶级的公平和正义。

2.2 概念界定

2.2.1 教育资源

教育资源亦称"教育经济条件"。教育过程所占用、使用和消耗的人力、物力和财力资源。即教育人力资源、物力资源和财力资源的总和。人力资源包括教育者人力资源和受教育者人力资源，即在校生数、班级生数、招生数、毕业生数、行政人员数、教学人员数、教学辅助人员数、工勤人员数和生产人员数等。

物力资源包括学校中的固定资产、材料和低值易耗物品。固定资产分为共用固定资产、教学和科学研究用固定资产、其他一般设备固定资产。

教育资源的分类方法有多种，按其归属性质和管理层次区分，可分为国家资源、地方资源和个人资源；按其办学层次区分，可分为基础教育资源和高等教育资源；按其构成状态区分，可分为固定资源和流动资源；按其知识层次区分，可分为品牌资源、师资资源和生源资源；按其政策导向区分，可分为计划资源和市场资源，等等。制度作为教育资源，它既可以是市场导向的，从而充分发挥市场机制在其他教育资源配置中的基础性作用；也可以是计划导向的，从而使市场机制在教育资源配置中难以有所作为。古往今来，在各个不同的历史发展时期，人们因各自所处时代的社会制度、意识形态和物质生活水平的不同，对于教育资源的属性、价值、用途、利用方法和实现途径等有着各自不同的认识。新资源观认为，在知识经济条件下对某种资源利用的时候，必须充分利用科学技术知识来考虑利用资源的层次问题，在对不同种类的资源进行不同层次的利用的时候，又必须考虑地区配置和综合利用问题。教育资源作为公共资源的一种，受教育者（公众）始终是受益主体。因此，自从有教育历史以来，教育资源便承载着人类理想和社会公德的负荷，被视为厚德载物的载体。教育资源是公共社会资源和市场经济资源的混合体。教育资源在具备其他公共社会资源所具有的属性和功能的同时，也具备其他市场经济资源所具有的属性和功能。市场配置教育资源，就是按照市场运作规则，将教育资源的经营、管理、收益等权利，以制度的形式明确赋予教育主体——学校以及各类教育培训机构。

教育资源的差异性是由于社会经济发展的不平衡性所造成的教育资源分布的不平衡性、管理体制和供给方式的差异性、社会对人才需求的信息不对称等原因形成的[1]。教育资源的差异普遍存在于人类教育的各个层面，各个角落，构成了教育行为过程和效果的差异。在我国，教育资源的地区和城乡差异，是教育发展的一个突出矛盾，也是中国教育差异性的显著特色和具体体现。教育投入的差异，教育环境及条件的差异，生均教育经费的差异，教师收入的差异，师资水平及教学质量的差异等，说到底，都是教育资源的差异。这种差异在地区和城乡之间明显地、普遍地存在着，直接影响着教育的整体平衡发展，是制约国家教育战略实施的关键因素。

2.2.2 基本公共教育服务

基本公共教育服务是指在教育领域提供的基础性公共服务，具有公共性、普惠性、基础性、发展性4个主要特征，是主要由政府提供，与全体人民群众最关心、最直接、最现实的切身利益密切相关的公共教育服务，是实现人的终身发展的基本前提和基础。

《教育规划纲要》明确提出，到2020年要形成惠及全民的公平教育，建成覆盖城乡的基本公共教育服务体系，逐步实现基本公共教育服务均等化，缩小区域差距。《国家基本公共服务体系"十二五"规划》将基本公共教育服务体系作为重要内容，明确了"十二五"时期基本公共教育服务的范围，将普惠性学前教育、九年义务教育和高中阶段教育纳入基本公共教育服务范围，并明确了"十二五"时期基本公共教育服务的标准。

2.2.3 教育机会

教育机会亦称"受教育机会"。西方探讨"教育民主化"的用语。经历了由狭义到广义的演变。狭义：进入各级正规学校学习的机会；广义：选择任何教育渠道接受教育并取得学业成功的机会。依各国不同的发展水平，具体内涵存在差异。如发达国家主要指高等学校入学机会及接受成人教育、终身教育的机会；发展中国家指接受扫盲教育、普通教育的机会。

瑞典教育家托尔斯顿·胡森认为，"机会"作为可变标准，可以用某些变量来测定：（1）学校外部各种物质因素，包括学生家庭经济状况、学习开支总额等；（2）学校各种物质设施，如建筑物总量、实验室、图书馆等；（3）家庭环境中某些心理因素，如家长的期望、家庭对掌握知识的态度；（4）学校环境中某些心理因素，如教师能力、教师对各学生组的态度等；（5）以教学条件为指标的学习机会。在美国，常与"均等"联系在一起，有一系列与"教育机会均等"有关的实证调查，从理论与实践上拓展了教育社会学的研究领域。

2.2.4 公共教育资源

教育系统公共资源主要是指教育行政部门履行教育行政管理职责和提供公共服务以及各级各类公办学校依法行使办学自主权过程中所形成和衍生的资源。主要有：教育考试中属于收费的查分信息服务项目，如高考、中考收费查分信息服务；实验用品、药品、学生学习用品、校服（含学生军训服装）等物资采购；校方责任保险。

配置公共教育资源将严格遵循三个基本原则：一是坚持合法原则。配置工作必须以法律法规为依据，市场化配置的主体、程序、范围、条件、方式等都要符合相关法律法规规章的规定，任何单位和个人不得增加市场主体法定义务之外的负担。二是坚持公开、公平、公正原则。实行"阳光配置"，提高透明度，参与竞争的市场主体合法权益受法律保护，不得歧视任何单位和个人。坚持诚实守信，禁止非法竞争，不得有欺诈行为。三是坚持促进发展原则。以师生和群众满意和促进教育发展为根本标准，教育系统公共资源市场化配置后的利用率及产生的质量、效果等，必须优于配置前，能更好地促进教育事业的发展，实现效益的最大化。

2.2.5 公平性

公平，指公正，不偏不倚。一般是指所有的参与者（人或者团体）的各项属性（包括投入、获得等）平均。"公"为公正、合理，能获得广泛的支持；"平"指平等、平均。公平一般是在理想状态实现的，没有绝对的公平。现代社会和道德提倡公平，公平也是各项竞技活动开展的基础。但真正意义上的公平是不存在的，公平一般靠法律和协约保证，由活动的发起人（主要成员）制定，参与者遵守。

公平是一个社会学名词，在法律上，公平是法所追求的基本价值之一。正义：亦称公正，对政治经济法律道德等领域中的是非、善恶的一种道德认识和价值评价。作为道德的范畴，既指符合一定社会性道德规范的行为，又主要指处理人际关系和利益分配的一种原则，既一视同仁又得所当得。（伦理学小辞典，上海辞书出版社，1994）对于正义的论述，在古希腊的时期就有了，人们对于正义的理解也从最开始财产的分配和义务的承担的感性认识逐渐上升到对于社会制度价值取向的思考。正义经过了亚里士多德的直观的提法，卢梭与康德的社会契约的理论的发展，基本形成了比较完善的理论，二战后的罗尔斯的正义论不仅开创了政治哲学的第三次高峰，同时也对缓和资本主义世界中的基本矛盾做了比较好的理论上探索。

2.2.6 空间公平性

所谓"空间正义"，指的是从空间的角度对社会公正与正义的追求，通过相应的价值指引、制度安排、政策制定和规划来实现空间发展成果由社会共享。追求空间正义的目的在于观察、辨别、缓解和消除空间生产过程中的不正义问题。空间正义，是社会正义作为一种价值理念，对特定空间生产所进行的价值评价。即在城乡区域发展中，追求资源分配效率之上要照顾不同的群体的利益，尊重区域内每一位居民的基本权利，创造人人可享的基本保障和公共服务，提供均等自由的发展机会。其核心是兼顾效率与公平，政府与市场，实现整体利益与长远利益的最大化。

空间正义的概念最早起源于"领地正义"，由戴维斯（Bleddyn Davies）在1968年出版的《本地服务中的社会需求与资源》（Social needs and resources in local services）一书中提出。在此基础上，哈维创造性地发展为"领地再分配式正义"。哈维认为，社会资源以正义的方式实现空间分配，不仅要关注分配的结果，还要强调空间上公正分配的过程。

1983年，"空间正义"一词最早明确出现在南非地理学家皮里（Gordon H. Pirie）发表的《论空间正义》（On spatial justice）一文中。皮里在社会正义、领地正义的基础上，对空间正义进行了概念化分析。新世纪以来，空间正义的研究开始兴盛，美国学者迪克奇（Mustafa Dikec）在《正义与空间想象》疑问中对空间正义的论述超越了再分配模式，开始关注空间的社会生产，并把空间化看作是导致社会不正义的主要因素。以地理学家索亚（Edward Soja，美国）为代表的洛杉矶学派在空间正义的研究中做出了杰出贡献。索亚认为空间的不公是人为的，可以通过政策和规划去改变。空间正义与社会正义在本质上没有区别。正义具有社会维度，但他同时强调应该从地理学与空间维度来理解正义。

近年来随着可持续发展理念的兴起，环境正义的概念随之出现，并逐渐被纳入空间正义的分析框架之下，主要研究议题包括：种族歧视、社会与经济排斥、工业污染以及自然灾害等。曹现强和张福磊在总结中西方研究的基础上，认为空间正义的具体内涵包括以下7点：具有社会价值的资源和机会在空间的合理分配是公平的；空间政治组织对弱势群体的剥削应该降低到最小限度；避免对贫困阶层的空间掠夺和弱势群体的空间边缘化；保障公民平等地参与空间生产和分配的机会；尊重空间文化的多样性，消除空间上的文化歧视；减少空间上对特定群体的排斥和驱逐；环境正义呼吁保护不同空间群体的环境公正。

2.2.7 教育公平

教育公平，是指国家对教育资源进行配置时所依据的合理性的规范或原则。这里所说的"合理"是指要符合社会整体的发展和稳定，符合社会成员的个体发展和需要，并从两者的辩证关系出发来统一配置教育资源。

教育公平的观念源远流长，追求教育公平是人类社会古老的理念。从历史上看，古希腊的大思想家柏拉图最早提出教育公平的思想，亚里士多德则首先提出通过法律保证自由公民的教育权利。在两千年前我国古代的大教育家孔子也提出"有教无类"的朴素教育民主思想。近代西方资产阶级致力于寻求教育公平，18世纪末，教育公平的思想已在一些西方国家转化为立法措施，在法律上确定了人人都有受教育的平等机会。而我国自古代隋朝建立的科举考试制度同样也体现了一种教育公平的理念。到了近现代的西方社会，又在不同的时期大致出现了三种不同的教育公平观，它们就是保守主义的教育公平观、自由主义的教育公平观和激进主义的教育公平观。1949年，新中国成立之后，《共同纲领》便确定了"民族的、科学的、大众的"新民主主义的教育方针，体现了新中国重视社会公平、教育公平的基本价值。

因此，我们可以说，教育公平是一个历史范畴，在不同的国家和不同的历时期有着不同的含义。它既是对社会现实的一种反映，也是对社会现实的一种超越，是社会现实与教育理想的统一，具有特定的历史意义，包括它的历史合理性和历史局限性。

2.3 相关理论基础研究

2.3.1 公平正义理论

1. 古希腊正义观

古希腊正义理论的萌芽始于荷马。在荷马史诗中，荷马最早涉及了对正义的解释。众神之王宙斯是宇宙秩序的制定者，宙斯将神、英雄和凡人分别安排在某个位置上，让他们按自己的角色做好所规定的事。每个人各尽其职就遵守了正义，如果有人没有做好规定的事那就是违背了正义。因此，在这一时期正义思想实质上体现为神所创造的秩序，是一种宇宙正义。

2. 柏拉图正义观

柏拉图已经将正义放在了一个极其重要的地位。他的著作《理想国》的副标题是论正义，开篇第一个问题即"行不正义的人为什么吃得开？"柏拉图在《理想国》中将正义区分为城邦正义和个人正义。

柏拉图认为城邦正义就是各个阶层的人各司其职。在柏拉图看来，为了更好地完成城邦的三项功能，他认为一人专一技比一人专多技要好，因此要实行社会分工。与三种功能相对应，城邦的人员就被划分为了三个阶层：统治者、保卫者和生产者。统治者是智慧的代表，保卫者是勇敢的代表，生产者是节制的代表。柏拉图进而转向了个人正义。柏拉图把人的灵魂分为三个部分：欲望、激情和理智，每一个部分具有相应的德行：节制、勇敢和智慧。

3. 亚里士多德正义观

亚里士多德的正义观既秉承了前人的思想，同时又进行了新的创新和发展。"不正义为两类，一是违法，一是不均，而公正则是守法和均等。"除此之外，亚里士多德提出了他的独特见解，他认为正义可以分为一般正义和特殊正义。

一般正义是一种全德，严格要求实行所有的德行，禁止做所有的恶行，这几乎就是服从了法律，行事公正。一般正义作为一种全德，表现在所涉及范围上，正义体现了全体公民而不只是统治者的利益。

特殊正义又可以分为两类，一为分配的正义，二为矫正的正义。亚里士多德分配的正义有两条原则，一是数量相等，二是比值相等。亚里士多德认为，坚持其中的任何一种正义都不能称为绝对的正义，理想的正义应将两者结合起来，在一些方面依据数量平等原则，另一些时候则根据比值平等原则。

4. 罗尔斯分配正义理论的公平观

罗尔斯把他的公平（正义）观概括为两个原则：第一个原则，每个人对与所有人所拥有的最广泛平等的基本自由体系相容的类似自由体系都应有一种平等的权利。第二个原则，社会和经济的不平等应这样安排，使它们在与正义的储存原则一致的情况下，适合于最少受惠者的最大利益；并且依系于在机会公平平等的条件下职务和地位向所有人开放。第一个原则可概括为平等自由原则，第二个原则可概括为机会的差别原则与公平原则。放在中国教育领域，第一个原则即无论公立或者私立教育对社会的贡献大小，都应当完全平等地享有基本权利，比如办学权；而按照第二原则，社会应当不平等的分配公立和私立教育的非基本权利，比如社会经济利益，因为公立和私立教育对社会的非基本贡献是不相同的。

5. 诺齐克的公平正义观

诺齐克是古典自由主义的经济学家，代表作《无政府、国家和乌托邦》。与罗尔斯不同，诺齐克反对任何具体形式的国家政策干预，来实现所谓的平等，政府政策的人为干预是对自由的践踏。最终会通向极权主义和奴役之路。

因为诺齐克认为，不平等是个人选择的结果，只要人们能够具有自由选择的权利，市场就会产生看似的不平等，这种不平等，诺齐克认为是公正的。

诺齐克的自由主义建立在社会各方面制度的完善上，自由主义的选择基于这样的基础，政府能够对违法行为进行严惩，能够保障经济完善运行，不存在各种非法的寻租、贪污行为。诺齐克强调：如果财产的取得是不合法的（偷窃，欺骗，强制等手段获取的），那么政府确实应该提供干预，并作出及时处理。

2.3.2 区位理论

区位是指人类行为活动的空间。具体而言，区位除了解释为地球上某一事物的空间几何位置，还强调自然界的各种地理要素和人类经济社会活动之间的相互联系和相互作用在空间位置上的反映。区位就是自然地理区位、经济地理区位和交通地理区位在空间地域上有机结合的具体表现。

区位理论是关于人类活动的空间分布及其空间中的相互关系的学说。具体地讲，是研究人类经济行为的空间区位选择及空间区内经济活动优化组合的理论。主要包括：杜能的农业区位论、韦伯的工业区位论、克里斯泰勒的中心地理论和廖什的市场区位论。

1. 农业区位论

古典区位论的区位是指厂商经营生产活动的位置，如何确定最佳位置就是古典区位理论所关心的问题。德国经济学家杜能最早注意到区位对运输费用的影响，是在19世纪初叶他所出版的《孤立国对于农业和国民经济之关系》（1826）一书中。杜能指出距离城市远近的地租差异即区位地租或经济地租，是决定农业土地利用方式和农作物布局的关键因素。由此他提出了以城市为中心呈六个同心圆状分布的农业地带理论，即著名的"杜能环"。

2. 工业区位论

德国经济学家韦伯继承了杜能的思想，在20世纪初叶发表了两篇名著《论工业区位》（1909）、《工业区位理论》（1914）。韦伯得出三条区位法则——运输区位法则、劳动区位法则和集聚或分散法则。他认为运输费用决定着工业区位的基本方向，理想的工业区位是运距和运量最低的地点。除运费以外，韦伯又增加了劳动力费用因素与集聚因素，认为由于这两个因素的存在，原有根据运输费用所选择的区位将发生变化。

3. 中心地理论

德国地理学家克里斯培勒的中心地理论最具代表性，在其名著《德国南部的中心地》一书中，克里斯塔勒将区位理论扩展到聚落分布和市场研究，认为组织物质财富生产和流通的最有效的空间结构是一个以中心城市为中心的、由相应的多级市场区组成的网络体系。在此基础上，克氏提出了正六边形的中心地网络体系。

4. 市场区位理论

德国经济学家廖什则在1940年出版的《经济空间秩序》一书中，将利润原则应用于区位研究，并从宏观的一般均衡角度考察工业区位问题，从而建立了以市场为中心的工业区位理论和作为市场体系的经济景观论。

2.4 国内外相关研究综述

2.4.1 国外对空间资源公平性的研究

在国外相关研究中，城市公共服务（urban public services）和城市公共设施（urban public facilities）意义基本相同，均指由政府直接或间接为其公众提供并为所有人共享的服务和设施。基于空间分布差异性特征可分为3类：（1）非定点设施服务，如警局、消防局、街道环卫站等，城市居民获得此类服务不一定要到达设施所在处才能得到。（2）定点设施服务，如学校、图书馆、医院、公园、体育场馆、公交和地铁站点等，这类服务需要居民到达设施才能得到。（3）网络设施服务，如供水、污水、电力、街道等，此类服务呈网状覆盖城市建成区。其中，定点设施服务具有效益随距离增加而衰减的特点，其非均质空间分布导致服务的差异性和不公平性，是西方学界相关研究的主体设施类型。

相关研究中有四个与公平相近的概念：平等或均等（equality）、公平（equity）、公正（justice）、公道（fairness）。"equality"表示任何人或任何评价单元（如邻里、街道、行政区）都享受相同的份额，与算术计算中"相等"的含义相同。"equity"通常用于公共服务或公共资源分配公平、公正与否的判断，公共服务的公平不是指算术意义上的绝对相等，而是附加其他条件如使用者因素、设施效率等之后的相对平等。"justice"和"fairness"则更多是法理或社会价值层面的含义，不强调绝对意义的相等。公共服务公平至今仍未有一个共同认可的定义，其原因正如史密斯（Smith）所说：不公平是指公共服务或设施的分配对某些特殊人群有制度和体系上的歧视，但是公平就很难界定。正因如此，关于公平的解释和评价方法层出不穷、多种多样，但总体上表现出随社会发展的阶段性特征。

在20世纪初的世界经济危机之后,西方国家政府的公共服务职能得到发展,并经历了福利国家、新公共管理和新公共服务3个主要阶段。与此对应,西方国家公共服务公平性的研究也经历了地域均等、空间公平和社会公平3个阶段。

"二战"后西方国家政府建立了完善的社会福利制度,实现全民"从摇篮到坟墓"的社会保障。在福利社会背景下,公平问题以均等分配为核心目标,强调人人同等享有。空间均等(spatial equality)和地域公正(territorial justice)是此阶段的核心概念,都强调以空间单元(较大尺度如行政区)为计算单位,重在考虑人均公共服务量是否相等。该阶段的公平问题不考虑人的需求、设施的实际空间布局(区位)以及服务的效益。

针对福利模式管理成本过大、效率低下,西方国家于20世纪70年代初进行"新公共管理"改革,在公共服务结果上注重经济和效率。与此对应,该阶段的公平强调服务效益,开始关注设施分配的具体区位和数量。该时期相关研究主要包括区位公平(locational equity)和空间公平(spatial equity)问题:(1)区位公平,基于最小水平的服务设施的平等配置。评价原则以露西(Lucy)的"五个子概念说"和威克斯(Wicks)的"三标准"为代表,要求在满足最小需求水平的基础上,以同等的机会和不牺牲公共服务效益为原则提供公共服务,实质仍是均等分配思想的继续。(2)空间公平,指居民离公共设施平等的空间分离度或空间接近度,通过GIS技术计算的可达性指数来表达人(多用空间单元位置)到活动设施的距离或花费。因此空间单元(较小尺度如街道、邻里等)之间可达性的差异就成为空间公平评价的重要指标,这一时期实证研究的设施类型包括学前教育设施、中学、基础健康中心及日常护理设施等。

与上一阶段相比,空间公平研究主要表现出两大进步:(1)评价方法,利用GIS空间技术定量计算使用者所在地理单元与公共服务设施之间实际距离,计算的是"哪里(地)获得了多少服务"的问题,通过可达性指数分级地图表达公共服务空间分布的公平性;(2)评价尺度,将评价单元从行政区较大尺度缩小到邻里级别的较小尺度,使公平性研究更为微观和准确。但是,空间公平阶段探讨的是"均一的空间"和"均一的人"基于最小标准的同等性问题,即以给定区域"平均"指定的社会群体和该区域"平均"服务供给之间的关系为基础,不考虑社会空间的分异和社会群体的分化。如果目标社会群体（如老人、儿童、低收入群体、少数族裔等）的分布与地理区划单位指定的社会群体不一致时，该群体的实际需求就因"均质化"的处理而被忽视。因此这种以行政单位为研究尺度的方法会掩盖某些特定社会群体的服务分配不公问题，而规划和管理最终目标应该满足不同使用者群体（人）的分配公平，而不是地理空间（地）的公平。

20世纪末至21世纪初，西方学界对新公共管理中过分重视市场和效率而丧失公平表示质疑，提出重视公共服务中的公民权利、人文主义和民主价值的"新公共服务"理念，强调服务供给中的公平和平等目标，且这种公平是建立在满足多样化需求，保证适合某一群体也不排斥其他群体利益的基础上。因此，在社群主义和"新公共服务"的共同影响下，西方公共服务的公平研究从"地的公平"转为"人的公平"，公共服务的分配目标也从"地的丰裕"转为"人的丰裕"，着眼于不同社会群体之间的平等和公正性。此阶段研究视角根据设施类型不同又分为环境公正（environmental justice）和社会公平（social equity）两类：（1）环境公正，指文化标准和价值规定有助于可持续的社会行为和政策决策，相关研究主要集中在"不受欢迎的服务"如危险废物设施、垃圾填埋场、低辐射核废料场所、工厂、超市等，结果表明因低收入和非白人社区往往更接近这些设施而分享更高比例的环境危险，研究视角也更偏向于探讨供给程序上的公正性。（2）社会公平，指的是公共服务特别是"受欢迎的服务"如公园、学校等以平等的方式在不同空间单元、不同经济、种族和政治群体之间分配，并适当考虑特殊群体的需求。社会不公平问题是基于存在"模式化不平等"的假设：在许多城市服务分布存在种族极化和不公正，这种不平等明显倾向于分布在底层阶级。事实上，实证研究结果也大多表现出"（公共服务的）反比例服务法则"和"（绿地是）有钱人后院"的特征，如公园绿地具有向高收入邻里、拥有住房产权者、主流族裔和高社会经济地位人群集聚的特点。在解决方案上，特伦（Talen）从公共服务的公平性出发，认为其终极目标是社区中少数群体与非少数群体之间具有同等的可达性，甚至应该在空间分布上提供给低收入居民更高水平的可达性。更进一步地，费赞（Feyzan）和赵春满提出公共服务的公平问题要求区分地域公正（地理均等，不考虑效率）和涉及公民群体特征的有效分配问题（考虑效率），因此需要考虑不同社会群体的需求和使用模式，对于公共服务的供给应该是有针对性而不是标准化的服务输出。

该阶段公平性研究与空间公平相比，主要有三大进步：（1）评价方法上虽然同样采用GIS度量可达性，但空间公平度量的是人所在地理单元与设施之间的距离，而社会公平阶段通过利用房屋数据度量人与设施的距离，计算的是"谁获得了多少服务"的问题，因而更直接和准确。（2）不仅评价可达性的差异，还评价不同社会群体可达性的差异，并且检验这种社会群体可达性的差异是否具有空间集聚性。（3）不仅评价不同群体可达性差异，还考虑各自的使用需求和模式以及利用的时空限制，即公平性评价是以不同人群、不同地区、不同需求和利用模式（时空限制）为基础，因而评价结果更有针对性。

2.4.2　国内对空间资源公平性的研究

在改革开放前的很长一段时间内，由于受到政治、经济、社会等多方面因素的影响，国内各类城市普遍面临公共设施供给短缺的问题，致使与公共设施相关的理论研究也比较少。而自20世纪80年代以来，城市发展建设的速度大大加快，其内部产业结构和空间结构不断调整，公共设施的供给状况亦有所改善。近年来，随着可持续发展、和谐社会、生态宜居等理念的提出，公共设施的规划建设更是受到了国内各界的广泛关注。在此背景下，关于公共设施尤其是公共设施空间布局合理性方面的理论探讨正逐渐成为国内地理学和城市规划学的重要研究领域。从总体上来看，国内当前研究的主要方向与国外大体相同，研究的焦点基本上也都集中在公共设施的布局与选址以及公共设施的空间可达性与公平性等方面，其核心目标也都在于探讨各类公共资源在空间配置中的合理程度。不过，与国外相比，国内开展公共设施空间研究的时间还比较短，因而其思想体系尚不成熟，无论是可达性还是公平性研究的理论和方法都还处在探索阶段。

国内理论界开展公共设施可达性研究的历史并不长。1995年，陆大道院士首次在城市地理学领域引入了可达性的概念，此后国内学者陆续进行了相关的理论探索。但就现有的文献来看，国内关于可达性的研究多集中于区域性交通基础设施网络（高速公路网、铁路网等）的演变、公交最短路径的计算、城市路网结构的评价、居民出行可达性的计算机辅助评价等方面，而对于国外学者比较关注的可达性与公共设施布局方面的研究则缺乏关注。

国内城市公共设施的空间公平性研究大致可以分为两类：一类以探讨公共设施公平性的影响因素为主，多从国家政策、社会保障体制、社会经济状况等宏观角度进行论述；另一类则以公共设施公平性的应用性测量和评估为主，采用的评价方法有极差法、集中曲线法、劳伦兹曲线和基尼系数等，其研究对象多集中在医疗卫生服务领域，所反映的仅是医生、护士等卫生技术人员以及病床等医疗设施在省域、市域各地区或者城市各片区分布的相对公平状况，研究尺度较大，对于实际工作的指导意义有限。

与国外相比，国内借助地理信息系统分析手段将可达性与公平性结合起来进行定量分析的研究成果极少，相关的理论研究还存在较大空白。

2.5 国内外研究案例借鉴

2.5.1 国外研究案例

在西方近40年的研究中，主要发展了四类"基于地"和六类"基于人"的可达性度量方法。传统的"基于地"的度量方法多用于空间公平阶段，考察个体日常生活圈所处的区位与服务设施之间的邻近度，如最小旅行距离法（DMIN）、最小旅行时间法（TMIN）、容器法或覆盖法（CUM）、引力模型（GRAV）等。这些方法因未考虑个体活动和时空限制（如设施开放时间、个体强制性参与活动等）之间的内在联系而饱受争议。近几年，由于GIS技术的发展使得个体水平的活动——旅行数据变得容易获取，"基于地"的度量方法渐少使用，而发展了多种"基于人"的度量方法。"基于人"的度量方法以充分掌握个体的旅行行为和时空环境为前提，以时间地理学鼻祖哈格斯特朗的时空棱镜理论为基础，考察日常潜在活动区域内（daily potential path area——DPPA）各种服务使用的机会大小，如机会的数量（NUM）、机会的邻近度（NUMD）、机会的可使用时间（DUR）、机会的最大利用（BMAX）等。以上方法由于考虑了时间、空间和行为三个维度，能够更清晰地表达个体之间可达性的差异，因此更适合用于测度公共服务分配中的公平性。

1959年，美国学者汉森（Hansen）在用重力方法研究城市土地利用时首次正式提出了可达性的概念，并将其定义为交通网络中各节点相互作用的机会大小[2]。可见，它所反映的是不同地区的群体对特定社会服务的接近度是否公平，由此确定那些缺乏相应设施而应该加以关注的区域[3]。埃克（Eck）等利用地理信息系统技术分析可达性面来确定商店的市场影响范围，并以药店为例探讨了商店的区位选择问题[4]；吉姆佩尔（Gimpel）等则研究了投票箱的可达性水平与居民参政意识之间的相互关系[5]；宾奇（Pinch）基于地理学视角对学前教育资源分配中的不公平现象的探讨[6]；金哲雄（Chul-Woung Kim）等对韩国济州岛工薪阶层在癌症住院设施使用中的公平程度所做的分析研究[7]；泰伦（Talen）利用科罗拉多州普韦布洛市（Pueblo）和乔治亚州梅肯市（Macon）的数据，将公园可达性评价的空间分布与所选择的人口社会经济因子的空间分布进行比较，综合分析了两市公园分布的公平性差异，探讨了一种评价公园分布公平性的新方法[8]；埃尔基普（Erkip）通过问卷调查，以公园数量、人口分布、行进时间和可达性等为指标综合评价了土耳其首都安卡拉市（Ankara）公园的可达性与公平性状况，认为公园分布的公平性应视乎其与不同居民群体需求的空间适应情况[9]；尼克尔斯（Nicholls）以得克萨斯州布赖恩市（Bryan）的公园系统为例，以地理信息系统技术为平台，在可达性评价的基础上，通过曼）惠特尼U检验分析了相应区域人口的社会经济属性，对布赖恩市公园系统所提供的可达性级别和空间公平性进行了综合测量[10]。

2.5.2 国内研究案例

1995年，陆大道院士首次在城市地理学领域引入了可达性的概念，此后国内学者陆续进行了相关的理论探索；俞孔坚等利用地理信息系统的加权距离分析方法对中山市的绿地可达性进行了分析，并以景观可达性作为指标，评价了绿地系统规划方案的有效性[11]；隗剑秋和邹进贵利用地理信息系统技术，通过引力模型和平均出行时间评价模型对城市中各主要商业设施的可达性进行了分析比较[12]；胡志斌、马林兵、曹小曙、尹海伟、孔繁花等在遥感和地理信息系统技术的支持下，运用景观可达性的原理，通过行进成本分析方法分别对沈阳、广州、济南三市绿地系统的可达性进行了定量评价[13-15]；王远飞以欧式距离作为地理可达性的测度指标，在地理信息系统环境下利用泰森多边形法研究了上海浦东新区医院的可达性情况[16]；陶海燕等以第五次人口普查以及医疗卫生机构相关数据为基础，运用潜能模型，分析了广州市海珠区各街道公共医疗卫生服务的可达性水平[17]；王松涛等基于北京市公共服务设施的地理空间信息数据，采用最短距离指标定量分析了商品房与教育、医疗、体育、文化、商业、绿地公园六大类公共服务设施之间的空间可达性，并通过特征价格模型定量分析了可达性对商品房价格的影响[18]；万波、杨超（2012）引入分段效用函数，提出了基于层级模型的嵌套型公共设施选址模型，利用遗传算法，以武汉市某区医院选址问题为例进行案例分析，并将按效用分配与按距离分配的情况进行对比分析，就嵌套情况与非嵌套情况进行比较和讨论[19]；崔敏（2011）针对农村公共服务设施布局建立了两种模型：基于公平原则的基本公共服务设施布局适宜性评价模型和基于效率原则的基本公共服务设施布局适宜性评价模型，并以河南省平县农村为例验证[20]；张英杰（2014）借助Hedonic住房价格分析所得到的居民对各类公共服务的偏好参数，提出了构建公共服务综合质量指数的方法，并将其应用于北京市公共服务的供需匹配分析[21]。刘安生（2010）以常州市乡村地区为研究重点，以教育设施为例，依托Arcgis分析平台，引入可达性分析以及最近距离、机会累积等模型，对城乡教育设施的不均等程度进行量化测度，制定城乡教育设施均等化目标[22]；吴波（2010）应用改进后的潜能模型对成都市公共文化基础设施的服务强度进行计算，可知成都市公共文化基础设施的数量和分布是均衡的，能够满足成都市居民的文化需求[23]；高军波（2010）通过构建城市公共服务设施空间分布的综合公平指数模型，借助三维模拟和空间自相关分析技术，探讨广州城市公共服务设施分布的空间公平特征[24]；车莲鸿（2014）利用高斯两步移动搜索法空间可达性模型对医院的布局进行了评价[25]；王瑞（2015）采用GIS技术，通过路网旅行耗费计算、非路网旅行耗费计算确定学校的服务范围，并根据结果对学校布局做了科学评价[26]；陶晓波（2009）开发了一组用于测评社区商业设施满意度的量表体系并对其进行了实证检验。本体系共包含19个具体指标，构成"安全性""便利性""健康性""选择性""舒适性"和"经济性"6个维度[27]。

从以上学者的研究中不难发现，地理信息系统技术已经成为国内公共设施可达性研究中重要的技术支撑手段，地理信息系统环境下的引力模型法、最小邻近距离法、行进成本法等都是研究者经常使用的定量分析方法，其所选取的评价指标包括空间直线距离（欧式距离）、设施吸引力、平均出行时间、交通成本阻力等。

3 教育公平性与空间公平性指标体系

3.1 国内外相关评价体系研究

3.1.1 国外相关评价体系研究

欧盟最近委任了一项研究，建立一个包含了29个数量与质量的关于教育公平指标的理论框架（European Commission，2003）。这些指标能归入四类来测度教育公平：背景性指标（如经济与社会不均等、文化资源）、过程性指标（如所受到教育的数量与质量）、内在结果（如技能、个人发展）、社会和政治影响；贝尔勒（Berne）和斯蒂埃费尔（Stiefel）的教育公平测度框架，在他们的框架中，他们问了关于公平的四个问题：为谁的公平？公平都是什么？怎样公平？何种程度上的公平？托马斯·黑利和大卫·埃斯腾斯也构建了一套关于教育公平测度的一揽子指标体系，他们从成年人口的社会与经济背景、财政教学资源、教育与培训机会、学校与学习环境、毕业率、学生学习产出结果与成人识字率、劳动力市场产出结果等维度进行测度。格瑞赛伊认为公平的概念服从于集中解释时才有效（Bonami etal.，1997），这与不同的伦理学观点是相一致的（Crahay，1993）。人们很容易区分下面的解释（OECD，1993）：机会的公平或机会的均等，是否所有的个人（或个人的群体）拥有同样的机会参与某种水平的学习。丹尼斯·缪瑞特从影响教育公平的社会与文化背景、政治背景、教育过程、教育的内部影响（结果）、教育的外部影响（结果）四个维度多层次的构建了一套详细而完整的教育公平的测度指标体系。格棱·哈卫和苏姗·舒伯格·克雷恩从教育最初的输入（投入）、涉及学习者群体的教育过程、产出（结果）和目标4个方面来测度教育公平，并构建了一套指标体系。

3.1.2 国内相关评价体系研究

姚远基于对公共资源分配领域公平性评价指标的分析，提出戴尔指数、阿特金森指数用于电网公平性调度指数，可以反映子群体——各省（市）公平调度"贡献率"，并采用某区域电网直调电厂2009年实际数据对年度中合同完成进度的公平性进行了测算，对常用公平测度指标在电网调度公平性分析中的适用性进行了比较；赵瑞娜采用德尔菲专家咨询法构建评价指标体系，根据专家打分情况分别计算各指标得分的均值、标准差、变异系数和综合系数，按照综合系数小于7.5的标准剔除指标，并根据专家意见对指标内容进行删改和完善，构建出基层医疗卫生服务公平性评价指标体系；陈旭等通过构建中医药卫生资源空间配置评价指标体系，研究中医药卫生资源空间配置公平性。应用洛伦兹曲线（Lorenz曲线）和基尼系数（Gini系数）评价中医药卫生资源配置公平性，地理信息系统（GIS）评价中医药卫生资源的空间可达性；刘小瑜等结合我国高等教育现状，从教育机会公平、教育过程公平、教育结果公平三个方面设计我国高等教育评价指标体系；王善迈提出应当从受教育权和入学机会公平、公共教育资源配置公平、教育质量公平、群体间教育公平等四个方面设计正规三级教育公平的具体评价指标。

3.2 规划标准

"十三五"时期是全面建成小康社会决胜阶段。为加快推进教育现代化，依据《中华人民共和国国民经济和社会发展第十三个五年规划纲要》和《国家中长期教育改革和发展规划纲要（2010~2020年）》，规划中强调教育公平取得重要进展。城乡和区域教育发展差距进一步缩小，大中城市义务教育阶段"择校热"有所缓解，国家助学制度更加完善，农村义务教育学生营养改善计划深入实施，贫困地区学生的体质健康得到改善，进城务工人员随迁子女、农村留守儿童、残疾学生受教育权利得到更好保障，中西部地区特别是农村学生接受优质高等教育的机会明显增加（表3-1~表3-3）。

教育事业发展"十二五"规划主要目标实现情况　　　　表3-1

指标	单位	"十二五"规划目标	2015年实现情况
学前教育			
在园幼儿数	万人	3700	4265

续表

指标	单位	"十二五"规划目标	2015年实现情况
学前三年毛入园率	%	65	75
九年义务教育			
在校生	万人	16100	14004
巩固率	%	93	93
高中阶段教育			
在校生	万人	4500	4038
其中：中等职业教育	万人	2250	1657
毛入学率	%	87	87
高等教育			
在学总规模	万人	3350	3647
在校生	万人	3080	3452
其中：研究生	万人	170	191
毛入学率	%	36	40
人力资源开发			
新增劳动力平均受教育年限	年	13.3	13.3
主要劳动年龄人口接受高等教育的比例	%	15	16.9

注：1. 高等教育在校生含普通本专科、成人本专科和全日制研究生在校生。
2. 研究生数为全日制研究生在校生数。
3. 主要劳动年龄人口指20~59岁人口。

教育事业发展和人力资源开发"十三五"主要目标　　表3-2

指标	2015年	2020年	属性
学前教育			
在园幼儿数（万人）	4265	4500	预期性
学前三年毛入园率（%）	75	85	预期性
九年义务教育			
在校生（万人）	14004	15000	预期性
巩固率（%）	93	95	约束性

续表

指标	2015年	2020年	属性
高中阶段教育			
在校生（万人）	4038	4130	预期性
其中：中等职业教育	1657	1870	预期性
毛入学率（%）	87	90	预期性
高等教育			
在学总规模（万人）	3647	3850	预期性
在校生（万人）	3511	3680	预期性
其中：研究生（万人）（含全日制和非全日制研究生）	250 [191]	290 [230]	预期性
其中：普通本专科（万人）	2625	2655	预期性
毛入学率（%）	40	50	预期性
继续教育			
从业人员继续教育（万人次）		35000	预期性
人力资源开发			
新增劳动力平均受教育年限（年）	13.3	13.5	预期性

注：1. 高等教育在校生含普通本专科、成人本专科、全日制和非全日制研究生在校生。
2. "[ ]"内为全日制研究生在校生数。

北京市居住公共服务设施配置指标　　　　表3-3

教育	千人指标		最小规模/一般规模		内容	服务规模
	建筑面积	用地面积	建筑面积	用地面积		
	（m²）	（m²）	（m²/处）	（m²/处）		（万人/处）
幼儿园	235～258	350～375	6班1850	6班3000	招收3～6岁儿童	0.72
			9班2700	9班3900		1.08
			12班3400	12班5100		1.44
小学	423～463	536～596	12班6500	12班12000	学龄7～12岁	1.14
			18班9500	18班12000		1.71
			24班10500	24班15000		2.29
初中	267～290	351～402	18班9900	18班13500	学龄13～15岁	3.43
			24班12500	24班17000		4.57
			30班15500	30班21000		5.71

续表

教育	千人指标		最小规模/一般规模		内容	服务规模
	建筑面积（m²）	用地面积（m²）	建筑面积（m²/处）	用地面积（m²/处）		（万人/处）
高中	228～246	334～382	24班 13200	24班 19000	学龄 16～18岁	5.4
			30班 16500	30班 23000		6.75
			36班 19500	36班 28000		8.1
九年一贯制	690～753	887～998	18班 9500	18班 12000	学龄 7～15岁	1.14
			27班 13500	27班 17400		1.71
			36班 16000	36班 22000		2.29
完全中学	495～535	685～784	24班 14000	24班 19000	学龄 13～18岁	2.63
			30班 17000	30班 22000		3.29
			36班 20000	36班 26000		3.95

3.3 评价指标体系构建

基于系统性、科学性、可比较、可操作的原则，结合文献研究、案例调研、专家访谈、结构性访谈等多元角度，最终构建由4个一级指标、9个二级指标和41个三级指标组成的评价指标体系（表3-4）。

公共教育资源空间公平性评价指标汇总表　　　　　　　　　　表3-4

一级指标	二级指标	三级指标	指标说明
机会公平	教育规模	入学人数	2017～2018学年度北京市教育委员会统计数据
		入学比重	入学人数与所在区域总人数之比
		地均入学人数	入学人数/所在区域面积
		升学人数	2017～2018学年度北京市教育委员会统计数据
		升学比重	毕业生数与所在区域总人数之比
		地均升学人数	毕业生数/所在区域面积
		在校男女比重	在校男生人数/在校女生人数

续表

一级指标	二级指标	三级指标	指标说明
质量公平	资源配置	教育设施数量	区域内小学、初中、高中、高等教育学校数量
		教育培训机构数量	区域内培训机构数量
		优质学校比重	同一区域内优质学校数量/学校总数量
		公立与私立比重	同一区域内公立学校数量/私立学校数量
		生均学校数量	学校数量/学校在校生总人数
		生均图书册数	图书数量/学校在校生总人数
	师生配置	在校人数	2017~2018学年度北京市教育委员会统计数据
		生师比例	学校在校生总人数/专职教师人数
		在校教职工数	2017~2018学年度北京市教育委员会统计数据
		在校专职教师数	2017~2018学年度北京市教育委员会统计数据
		专职教师比重	专职教师人数/教职工总人数
	教育条件	一般公共教育支出	北京区域统计年鉴2018
		公共教育支出占GDP比重	公共教育支出/GDP总值
		生均教育支出	一般公共预算教育支出/学生数
群体间教育公平	主观感知	公共教育资源空间配置均衡性	关于"公共教育资源空间公平性-主观感知"的结构性访谈调查
		公共教育资源空间布局合理性	
		公共教育资源空间位置便利性	
		公共教育资源总体满意度	
		公共教育资源期望度	
	经济水平	人均GDP	GDP总值/常住人口
		收入分配水平	北京区域统计年鉴2018
	人口构成	城乡家庭人口构成	北京区域统计年鉴2018
		户籍比重	户籍人口/常住人口
空间配置公平	位置条件	教育设施分布的空间公平	1/各区每万人拥有义务教育学校数的标准差
		行政机关分布的空间公平	学校1000m市级机关单位分布情况

续表

一级指标	二级指标	三级指标	指标说明
空间配置公平	位置条件	小初高数量及质量匹配程度	区域内小学、初中、高中数量质量匹配程度
		学校数量与硬化地表占比	学校数量/硬化地表面积
		建成区面积占比	建成区面积/区域整体面积
		地均数量	学校数量/区域面积
		地均面积	学校占地面积/区域面积
		区域分形维数与区域内学校数量占比	学校数量/区域分形维数
		各区质心到天安门中心点距离与区学校数量占比	学校数量/各区质心到天安门中心点距离
	交通条件	生均道路长度	入学人数/道路长度
		交通覆盖率	道路占地面积/区域面积

4 北京市教育资源空间公平性分析与评估

本章基于地理国情监测成果数据、市教委统计数据及《北京区域统计年鉴2018》等其他数据资料,从现状评估、模型评估和政策评估3个方面,对北京市教育资源现状进行分析和评估,探索北京市教育资源空间分布的规律与差异。

4.1 现状评估

本节从机会公平、质量公平、群体间教育公平和空间配置公平4个方面进行教育资源的现状评估，分析北京市教育资源公平性在空间纬度上存在的差异，通过结构性访谈的方法，总结北京市教育资源存在的问题和不足，为寻求促进北京市教育资源在空间上公平发展的改善措施与策略提供依据和支撑。

北京市幼儿园教育资源共1604所，占地面积约为686.25公顷，建筑规模约为441万m^2；幼儿园300m服务半径覆盖面积为662.33km^2，占北京市政区面积的4.04%。

北京市小学教育资源共984所，占地面积约为1439.72公顷，建筑规模约为727万m^2；小学500m服务半径覆盖面积为1269.62km^2，占北京市政区面积的7.74%。

北京市普通中学教育资源共649所，占地面积约为2463.94公顷，建筑规模约为1409万m^2；普通中学1000m服务半径覆盖面积为1888.90km^2，占北京市政区面积的11.51%。

北京市幼儿园、小学和普通中学的基本情况统计图及不同服务半径范围覆盖图如图4-1～图4-4所示。

4.1.1 机会公平

教育规模：

北京市幼儿园教育资源共1604所，占地面积约为686.25公顷，建筑规模约441万m^2，图书约619万册；共有15810个班级，在校生445535人，教职工69100人，其中专职教师37903人。

北京市小学教育资源共984所，占地面积约为1439.72公顷，建筑规模约727万m^2，图书约2794万册，固定资产总值约201.2亿元，其中教学和科研仪器设备等固定资产总值约73.1亿元；共有26399个班级，在校生875849人，教职工60904人，其中专职教师53782人。

4 北京市教育资源空间公平性分析与评估

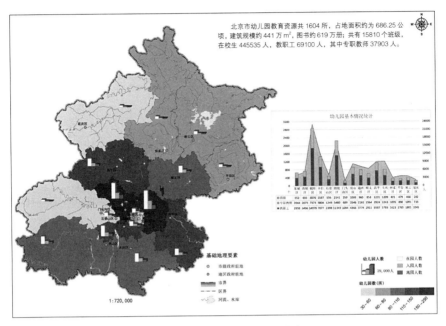

图 4-1　北京市幼儿园基本情况统计图

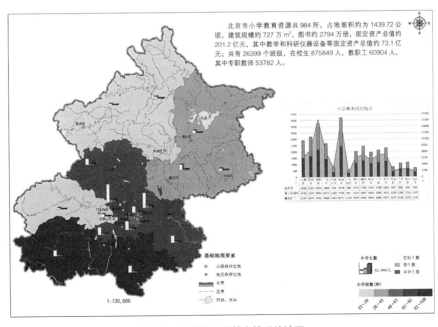

图 4-2　北京市小学基本情况统计图

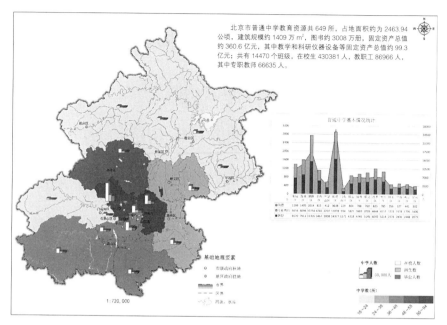

图 4-3　北京市中学基本情况统计图

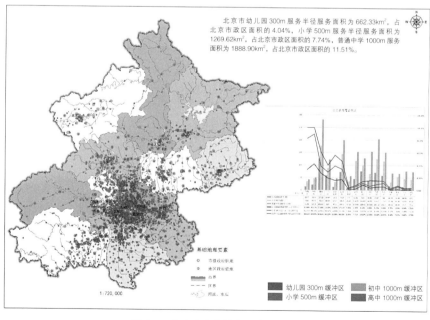

图 4-4　北京市公共教育覆盖范围图

北京市普通中学教育资源共649所，占地面积约为2463.94公顷，建筑规模约1409万m²，图书约3008万册，固定资产总值约360.6亿元，其中教学和科研仪器设备等固定资产总值约99.3亿元；共有14470个班级，在校生430381人，教职工86966人，其中专职教师66635人。

北京市基础公共教育资源基本情况统计如表4-1～表4-5所示。

北京市基础公共教育资源基本办学条件统计表　　　　表 4-1

类型	占地面积（m²）	建筑面积（m²）	图书（万册）	固定资产总值（万元）	
				总计	其中：教学、科研仪器设备
幼儿园	6862461.73	4411131.87	619.26	—	—
小学	14397211.98	7271855.05	2794.99	2011994.17	731300.43
普通中学	24639437.70	14090617.21	3008.08	3605734.38	992948.70

北京市幼儿园教育资源基本情况统计表　　　　表 4-2

地区	园数（所）	班数（个）	离园（人）	入园（人）	在园（人）	教职工数（人）	
						合计	专职教师
北京市	1604	15810	105651	177354	445535	69100	37903
东城区	54	552	4145	6228	16720	2958	2044
西城区	73	693	4828	8297	19398	3496	2073
朝阳区	250	3076	16886	34065	78764	14079	7373
丰台区	137	1587	10548	15659	44323	7077	3804
石景山区	56	556	3046	5958	15514	2398	1249
海淀区	171	2141	15904	24912	65545	11343	5480
门头沟区	31	259	1563	2767	7101	1094	689
房山区	110	1093	7687	12506	31537	4366	2546
通州区	126	960	6325	10676	26721	3774	2165
顺义区	101	853	6498	12462	28880	2911	1564
昌平区	137	1201	7808	12751	32005	5587	2924
大兴区	90	1209	8303	13955	35029	3783	2243
怀柔区	71	401	3342	4457	10956	1623	1035

续表

地区	园数（所）	班数（个）	离园（人）	入园（人）	在园（人）	教职工数（人）	
						合计	专职教师
平谷区	72	479	2970	4749	12028	1765	890
密云区	71	468	3641	4742	13151	1801	1091
延庆区	54	282	2157	3170	7863	1045	733

北京市小学教育资源基本情况统计表　　表 4-3

地区	校数（所）	班数（个）	毕业生数（人）	招生数（人）	在校生数（人）			教职工数（人）	
					合计	女生	男生	合计	专职教师
北京市	984	26399	125938	157559	875849	412510	463339	60904	53782
东城区	63	1618	8379	10035	55600	26370	29230	5154	4709
西城区	58	2143	10620	15050	77537	36512	41025	5675	5233
朝阳区	87	4594	17871	24570	136971	64445	72526	7431	7005
丰台区	77	1980	9211	10760	65463	30533	34930	4838	4271
石景山区	27	748	3520	3768	22804	10665	12139	1354	1183
海淀区	84	4470	24184	28497	163408	76559	86849	8277	7744
门头沟区	22	389	1776	2187	11962	5778	6184	1119	891
房山区	108	1572	7188	9127	49693	23517	26176	3794	3137
通州区	83	1763	8751	12113	64453	30430	34023	4343	3947
顺义区	49	1367	6599	8980	46444	21702	24742	3664	3002
昌平区	92	1758	8223	9424	52269	24763	27506	3883	3366
大兴区	96	1805	8792	11609	60069	27798	32271	4197	3632
怀柔区	25	493	2610	2784	16868	8115	8753	1527	1230
平谷区	46	606	2727	3091	17925	8651	9274	2130	1580
密云区	39	643	3569	3536	22095	10634	11461	2202	1705
延庆区	28	450	1918	2028	12288	6038	6250	1316	1147

表 4-4 北京市普通中学教育资源基本情况统计表

地区	校数（所）	班数（个）			毕业生数（人）			招生数（人）			在校生数（人）			教职工数（人）		专职教师
		合计	初中	高中	合计	初中	高中	合计	初中	高中	合计	初中	高中	合计		
北京市	649	14470	9313	5157	132118	82433	49685	157018	103263	53755	430381	266404	163977	86966	66635
东城区	41	1169	641	528	11168	6358	4810	12796	7497	5299	36025	19937	16088	6570	5616
西城区	43	1405	766	639	13786	7322	6464	16777	10181	6596	45006	24971	20035	7913	6094
朝阳区	94	2014	1498	516	12937	9143	3794	18720	14290	4430	48310	34727	13583	13305	10754
丰台区	48	815	557	258	6923	4728	2195	7980	5494	2486	22333	14845	7488	5467	4265
石景山区	24	412	259	153	3974	2454	1520	3892	2477	1415	11339	7028	4311	2808	2207
海淀区	79	3038	1771	1267	30074	17597	12477	35795	22315	13480	99019	57261	41758	14377	11078
门头沟区	16	229	148	81	2102	1513	589	2384	1571	813	6696	4263	2433	1271	934
房山区	47	804	549	255	7495	5076	2419	8778	5773	3005	24548	15567	8981	4318	3321
通州区	38	788	543	245	6862	4807	2055	9147	6312	2835	24875	16344	8531	4745	3603
顺义区	33	760	474	286	8555	4968	3587	9367	5980	3387	25904	15497	10407	5145	3705
昌平区	55	825	611	214	6570	4701	1869	7540	5703	1837	21019	15343	5676	6092	4444
大兴区	45	785	567	218	7674	5280	2394	8419	5989	2430	22748	15501	7247	5214	4112
怀柔区	23	356	241	115	2880	1918	962	3455	2175	1280	9458	5652	3806	2378	1723
平谷区	19	327	197	130	3577	1957	1620	3798	2334	1464	10450	5907	4543	2836	1578
密云区	23	441	294	147	4416	2702	1714	5205	3356	1849	14074	8695	5379	2448	1795
延庆区	21	302	197	105	3125	1909	1216	2965	1816	1149	8577	4866	3711	2079	1406

北京市普通中学在校生数分类基本情况统计表　　　表4-5

地区	合计（人）	初中（人）			高中（人）		
		小计	女生	男生	小计	女生	男生
北京市	430381	266404	125243	141161	163977	83900	80077
东城区	36025	19937	9558	10379	16088	8357	7731
西城区	45006	24971	11942	13029	20035	10078	9957
朝阳区	48310	34727	16096	18631	13583	7079	6504
丰台区	22333	14845	6905	7940	7488	3853	3635
石景山区	11339	7028	3422	3606	4311	2247	2064
海淀区	99019	57261	26564	30697	41758	20353	21405
门头沟区	6696	4263	2055	2208	2433	1301	1132
房山区	24548	15567	7433	8134	8981	4821	4160
通州区	24875	16344	7691	8653	8531	4499	4032
顺义区	25904	15497	7175	8322	10407	5403	5004
昌平区	21019	15343	6931	8412	5676	2965	2711
大兴区	22748	15501	7518	7983	7247	3770	3477
怀柔区	9458	5652	2689	2963	3806	2004	1802
平谷区	10450	5907	2762	3145	4543	2205	2338
密云区	14074	8695	4131	4564	5379	2943	2436
延庆区	8577	4866	2371	2495	3711	2022	1689

1. 入学人数

（1）幼儿园

北京市在2017~2018学年度幼儿园入学人数为177354人。其中，朝阳区幼儿入学人数最多，约占北京市总数的19.21%；其次是海淀区，约占14.05%；门头沟区入学人数最少，约占1.56%（图4-5）。

（2）小学

北京市在2017~2018学年度小学入学人数为157559人。其中，海淀区入学人数最多，约占北京市总数的18.09%；其次是朝阳区，约占15.59%；延庆区入学人数最少，约占1.29%（图4-6）。

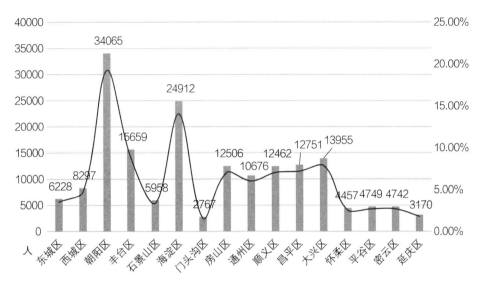

图 4-5　北京市各区在 2017～2018 学年度幼儿园入学人数统计图

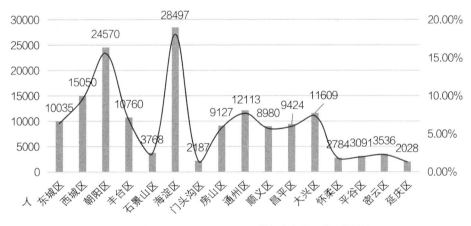

图 4-6　北京市各区在 2017～2018 学年度小学入学人数统计图

（3）普通中学

北京市在2017~2018学年度普通中学入学人数为157018人。其中，海淀区入学人数最多，约占北京市总数的22.80%；其次是朝阳区，约占11.92%；门头沟区入学人数最少，约占1.52%（图4-7）。

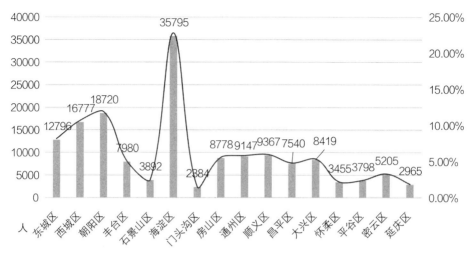

图 4-7　北京市各区在 2017～2018 学年度普通中学入学人数统计图

2. 入学比重

北京市在2017～2018学年度基础教育入学比重为2.27%。其中，东城区基础教育入学比重最多，为3.41%；其次是西城区，为3.29%；昌平区基础教育入学比重最少，为1.44%（表4-6、图4-8）。

北京市基础教育入学比重分类基本情况统计表　　表 4-6

地区	常住人口（万人）	基础教育入学比重(%)	幼儿园入学比重(%)	小学入学比重(%)	普通中学入学比重(%)
北京市	2170.7	2.27	0.82	0.73	0.72
东城区	85.1	3.41	0.73	1.18	1.50
西城区	122.0	3.29	0.68	1.23	1.38
朝阳区	373.9	2.07	0.91	0.66	0.50
丰台区	218.6	1.57	0.72	0.49	0.37
石景山区	61.2	2.23	0.97	0.62	0.64
海淀区	348.0	2.56	0.72	0.82	1.03
门头沟区	32.2	2.28	0.86	0.68	0.74
房山区	115.4	2.64	1.08	0.79	0.76

续表

地区	常住人口（万人）	基础教育入学比重(%)	幼儿园入学比重(%)	小学入学比重(%)	普通中学入学比重(%)
通州区	150.8	2.12	0.71	0.80	0.61
顺义区	112.8	2.73	1.10	0.80	0.83
昌平区	206.3	1.44	0.62	0.46	0.37
大兴区	176.1	1.93	0.79	0.66	0.48
怀柔区	40.5	2.64	1.10	0.69	0.85
平谷区	44.8	2.60	1.06	0.69	0.85
密云区	49.0	2.75	0.97	0.72	1.06
延庆区	34.0	2.40	0.93	0.60	0.87

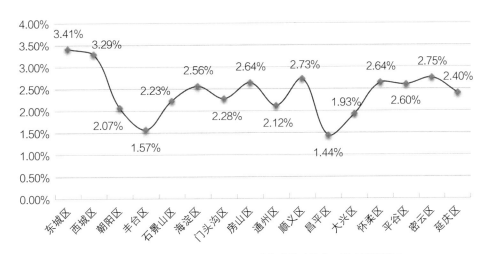

图 4-8　北京市各区在 2017～2018 学年度基础教育入学比重统计图

（1）幼儿园

北京市在2017~2018学年度幼儿园入学比重为0.82%。其中，顺义区和怀柔区幼儿园入学比重最多，为1.10%；其次是房山区，为1.08%；昌平区幼儿园入学比重最少，为0.62%（图4-9）。

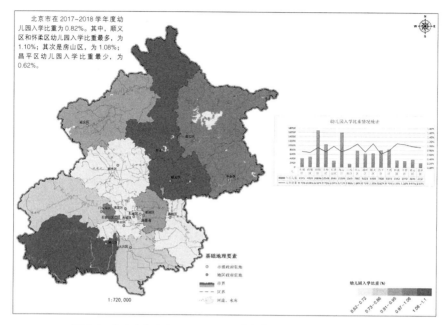

图 4-9　北京市各区在 2017～2018 学年度幼儿园入学比重统计图

（2）小学

北京市在2017～2018学年度小学入学比重为0.73%。其中，西城区小学入学比重最多，为1.23%；其次是东城区，为1.18%；昌平区小学入学比重最少，为0.46%（图4-10）。

（3）普通中学

北京市在2017～2018学年度普通中学入学比重为0.72%。其中，东城区入学比重最多，为1.50%；其次是西城区，为1.38%；丰台区和昌平区入学比重最少，为0.37%（图4-11）。

3. 地均入学人数

北京市在2017～2018学年度基础教育地均入学人数为每平方千米30人。其中，西城区基础教育地均入学人数最多，为每平方千米793人；其次是东城区，为每平方千米693人；延庆区基础教育地均入学人数最少，为每平方千米4人（表4-7、图4-12）。

4 北京市教育资源空间公平性分析与评估

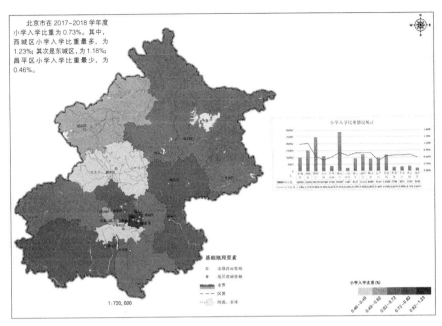

图 4-10 北京市各区在 2017～2018 学年度小学入学比重统计图

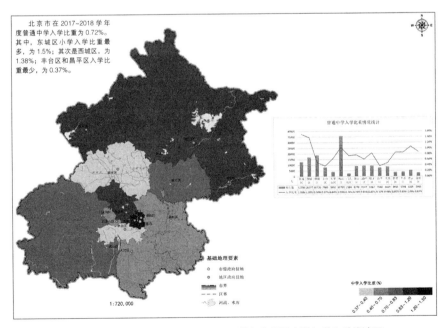

图 4-11 北京市各区在 2017～2018 学年度普通中学入学比重统计图

北京市基础教育地均入学人数分类基本情况统计表　　　　表 4-7

地区	区划面积（km²）	基础教育地均入学人数（人/km²）	幼儿园地均入学人数（人/km²）	小学地均入学人数（人/km²）	普通中学地均入学人数（人/km²）
北京市	16406.63	30	10	10	10
东城区	41.91	693	149	239	305
西城区	50.58	793	163	298	332
朝阳区	464.56	167	72	53	40
丰台区	305.73	113	52	35	26
石景山区	84.31	162	71	45	46
海淀区	430.67	207	58	66	83
门头沟区	1447.87	5	1.7	1.7	1.6
房山区	1994.86	15	6	5	4
通州区	905.79	35	12	13	10
顺义区	1010.04	31	13	9	9
昌平区	1342.39	22	9	7	6
大兴区	1036.30	33	14	11	8
怀柔区	2122.23	5	2	1	2
平谷区	948.15	12	5	3	4
密云区	2226.13	6	2	2	2
延庆区	1995.11	4	2	1	1

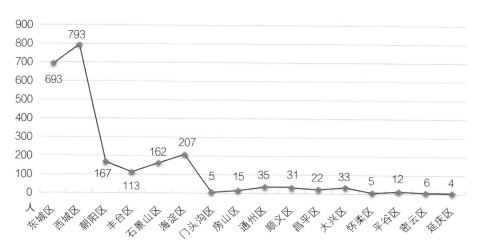

图 4-12　北京市各区在 2017～2018 学年度基础教育地均入学人数统计图

(1) 幼儿园

北京市在2017～2018学年度幼儿园地均入学人数为每平方千米11人。其中，西城区幼儿园地均入学人数最多，为每平方千米164人；其次是东城区，为每平方千米149人；门头沟、怀柔区、密云区和延庆区幼儿园地均入学人数最少，为每平方千米2人（图4-13）。

(2) 小学

北京市在2017～2018学年度小学地均入学人数为每平方千米10人。其中，西城区小学地均入学人数最多，为每平方千米298人；其次是东城区，为每平方千米239人；怀柔区和延庆区小学地均入学人数最少，为每平方千米1人（图4-14）。

(3) 普通中学

北京市在2017～2018学年度普通中学地均入学人数为每平方千米10人。其中，西城区普通中学地均入学人数最多，为每平方千米332人；其次是东城区，为每平方千米305人；延庆区普通中学地均入学人数最少，为每平方千米1人（图4-15）。

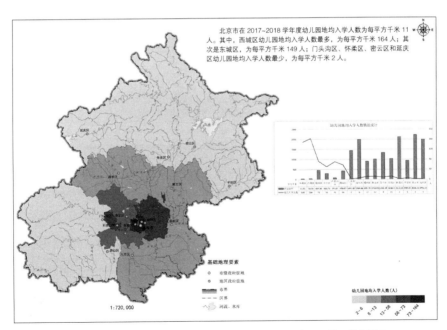

图4-13　北京市各区在2017～2018学年度幼儿园地均入学人数统计图

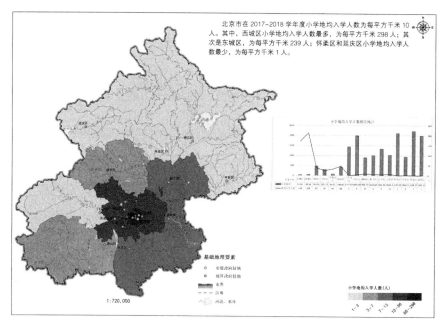

图 4-14　北京市各区在 2017～2018 学年度小学地均入学人数统计图

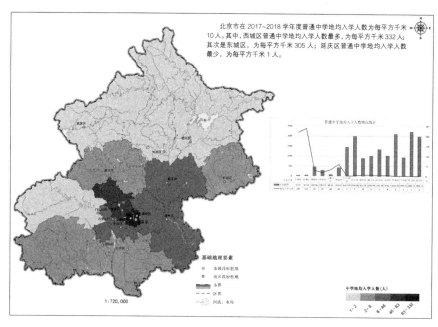

图 4-15　北京市各区在 2017～2018 学年度普通中学地均入学人数统计图

4. 升学人数

（1）幼儿园

北京市在2017～2018学年度幼儿园升学人数为105651人。其中，朝阳区幼儿升学人数最多，约占北京市总数的15.98%；其次是海淀区，约占15.05%；门头沟区升学人数最少，约占1.48%（图4-16）。

（2）小学

北京市在2017～2018学年度小学升学人数为125938人。其中，海淀区升学人数最多，约占北京市总数的19.20%；其次是朝阳区，约占14.19%；门头沟区升学人数最少，约占1.41%（图4-17）。

（3）普通中学

北京市在2017～2018学年度普通中学入学人数为157018人。其中，海淀区入学人数最多，约占北京市总数的22.76%；其次是西城区，约占10.43%；门头沟区入学人数最少，约占1.59%（图4-18）。

5. 升学比重

北京市在2017～2018学年度基础教育升学比重为1.68%。其中，东城区基础教育升学比重最多，为2.78%；其次是西城区，为2.40%；昌平区基础教育升学比重最少，为1.10%（表4-8、图4-19）。

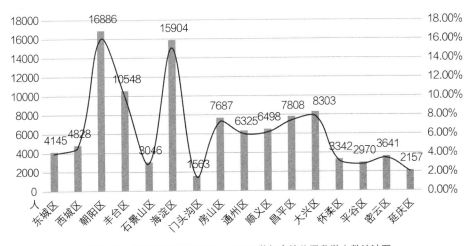

图4-16　北京市各区在2017～2018学年度幼儿园升学人数统计图

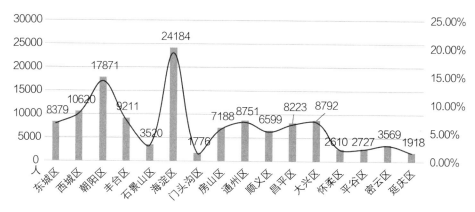

图 4-17 北京市各区在 2017～2018 学年度小学升学人数统计图

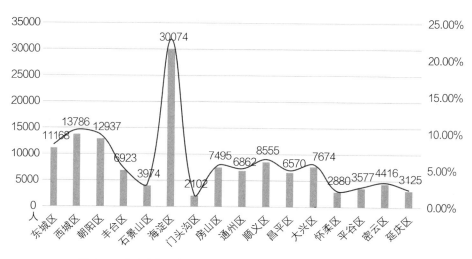

图 4-18 北京市各区在 2017～2018 学年度普通中学升学人数统计图

北京市基础教育升学比重分类基本情况统计表　　　表 4-8

地区	常住人口（万人）	基础教育升学比重（%）	幼儿园升学比重（%）	小学升学比重（%）	普通中学升学比重（%）
北京市	2170.7	1.68	0.49	0.58	0.61
东城区	85.1	2.78	0.49	0.98	1.31
西城区	122.0	2.40	0.40	0.87	1.13

续表

地区	常住人口（万人）	基础教育升学比重(%)	幼儿园升学比重(%)	小学升学比重(%)	普通中学升学比重(%)
朝阳区	373.9	1.28	0.45	0.48	0.35
丰台区	218.6	1.22	0.48	0.42	0.32
石景山区	61.2	1.72	0.50	0.57	0.65
海淀区	348.0	2.02	0.46	0.70	0.86
门头沟区	32.2	1.69	0.49	0.55	0.65
房山区	115.4	1.94	0.67	0.62	0.65
通州区	150.8	1.45	0.42	0.57	0.46
顺义区	112.8	1.92	0.58	0.58	0.76
昌平区	206.3	1.10	0.38	0.40	0.32
大兴区	176.1	1.41	0.47	0.50	0.44
怀柔区	40.5	2.18	0.83	0.64	0.71
平谷区	44.8	2.07	0.66	0.61	0.80
密云区	49.0	2.37	0.74	0.73	0.90
延庆区	34.0	2.12	0.62	0.56	0.92

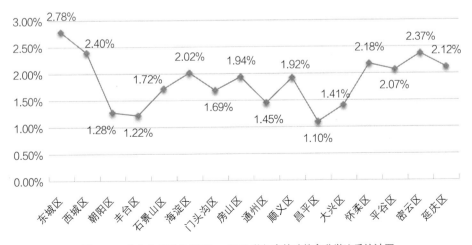

图 4-19 北京市各区在 2017～2018 学年度基础教育升学比重统计图

(1) 幼儿园

北京市在2017~2018学年度幼儿园升学比重为0.49%。其中，怀柔区幼儿园升学比重最多，为0.83%；其次是密云区，为0.74%；昌平区幼儿园升学比重最少，为0.38%（图4-20）。

(2) 小学

北京市在2017~2018学年度小学升学比重为0.58%。其中，东城区小学升学比重最多，为0.98%；其次是西城区，为0.87%；昌平区小学升学比重最少，为0.40%（图4-21）。

(3) 普通中学

北京市在2017~2018学年度普通中学升学比重为0.61%。其中，东城区升学比重最多，为1.31%；其次是西城区，为1.13%；丰台区和昌平区升学比重最少，为0.32%（图4-22）。

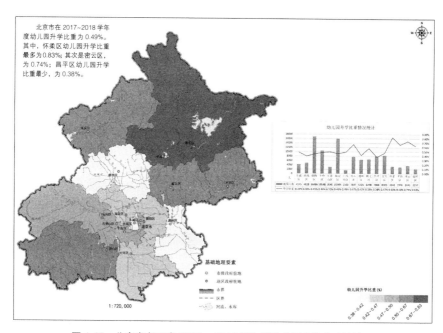

图4-20 北京市各区在2017~2018学年度幼儿园升学比重统计图

4 北京市教育资源空间公平性分析与评估

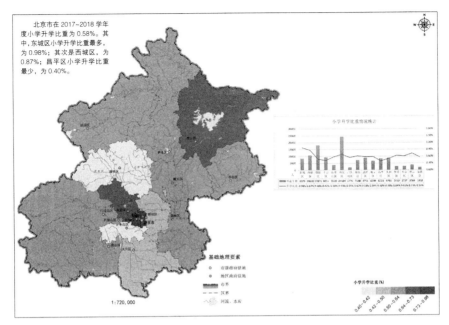

图 4-21　北京市各区在 2017 ~ 2018 学年度小学升学比重统计图

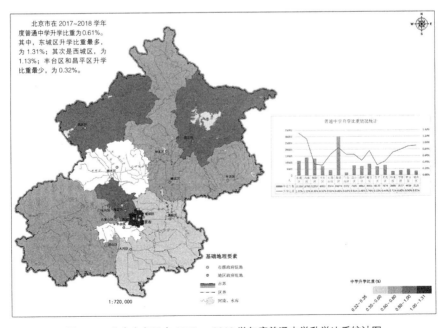

图 4-22　北京市各区在 2017 ~ 2018 学年度普通中学升学比重统计图

6. 地均升学人数

北京市在2017~2018学年度基础教育地均升学人数为每平方千米22人。其中，西城区基础教育地均升学人数最多，为每平方千米578人；其次是东城区，为每平方千米565人；门头沟区、怀柔区和延庆区基础教育地均升学人数最少，为每平方千米4人（表4-9、图4-23）。

北京市基础教育地均升学人数分类基本情况统计表　　表4-9

地区	区划面积（km²）	基础教育地均升学人数（人/km²）	幼儿园地均升学人数（人/km²）	小学地均升学人数（人/km²）	普通中学地均升学人数（人/km²）
北京市	16406.63	22	6	8	8
东城区	41.91	565	99	200	266
西城区	50.58	578	95	210	273
朝阳区	464.56	103	36	39	28
丰台区	305.73	87	34	30	23
石景山区	84.31	125	36	42	47
海淀区	430.67	163	37	56	70
门头沟区	1447.87	4	1	2	1
房山区	1994.86	11	3	4	4
通州区	905.79	24	7	9	8
顺义区	1010.04	21	6	7	8
昌平区	1342.39	17	6	6	5
大兴区	1036.30	24	8	8	7
怀柔区	2122.23	4	2	1	1
平谷区	948.15	10	3	3	4
密云区	2226.13	5	1.5	2	1.5
延庆区	1995.11	4	1	1	2

（1）幼儿园

北京市在2017~2018学年度幼儿园地均升学人数为每平方千米6人。其中，东城区幼儿园地均升学人数最多，为每平方千米99人；其次是西城区，为每平方千米95人；门头沟区和延庆区幼儿园地均升学人数最少，为每平方千米1人（图4-24）。

4 北京市教育资源空间公平性分析与评估

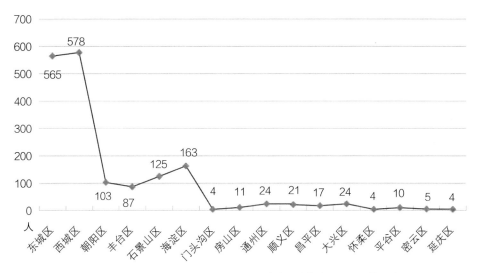

图 4-23 北京市各区在 2017～2018 学年度基础教育地均升学人数统计图

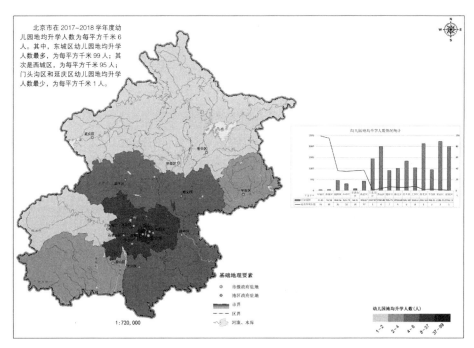

图 4-24 北京市各区在 2017～2018 学年度幼儿园地均升学人数统计图

057

(2) 小学

北京市在2017~2018学年度小学地均升学人数为每平方千米8人。其中，西城区地均升学人数最多，为每平方千米210人；其次是东城区，为每平方千米200人；门头沟区、怀柔区和延庆区地均升学人数最少，为每平方千米1人（图4-25）。

(3) 普通中学

北京市在2017~2018学年度普通中学地均升学人数为每平方千米8人。其中，西城区普通中学地均升学人数最多，为每平方千米273人；其次是东城区，为每平方千米266人；门头沟区和怀柔区普通中学地均升学人数最少，为每平方千米1人（图4-26）。

7. 在校男女比值

(1) 小学

北京市在2017~2018学年度小学生男女比值为1∶0.89。其中，大兴区小学生男生数与女生数比值最大，为1∶0.86；其次是丰台区，为1∶0.87；延庆区小学生男生数与女生数比值最小，为1∶0.97（图4-27）。

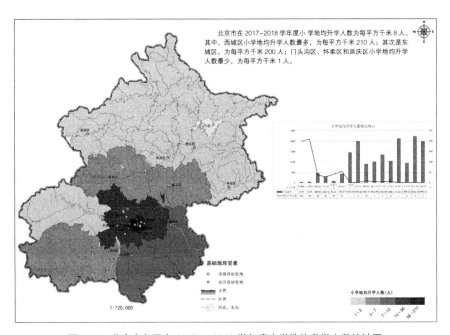

图4-25 北京市各区在2017~2018学年度小学地均升学人数统计图

4 北京市教育资源空间公平性分析与评估

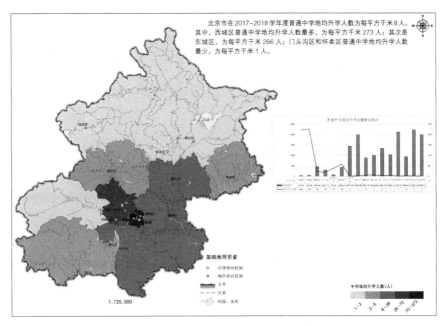

图 4-26　北京市各区在 2017 ~ 2018 学年度普通中学地均升学人数统计图

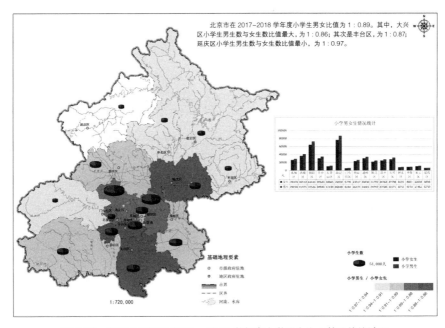

图 4-27　北京市各区在 2017 ~ 2018 学年度小学男女生人数比值统计图

（2）普通中学

北京市在2017~2018学年度普通中学男女比值为1：0.95。其中，昌平区普通中学男生数与女生数比值最大，为1：0.89；其次是海淀区，为1：0.90；延庆区小学生男生数与女生数比值最小，为1：1.05（图4-28）。

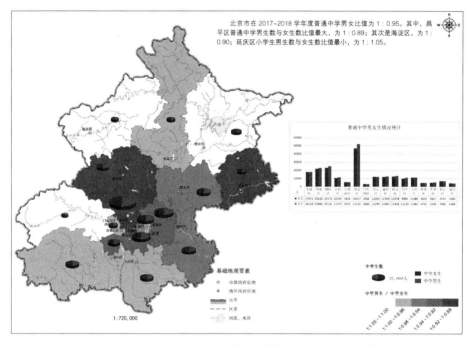

图4-28　北京市各区在2017～2018学年度普通中学男女生人数比值统计图

4.1.2　质量公平

1. 资源配置

（1）教育设施数量

1）幼儿园

北京市在2017~2018学年度幼儿园数为1604所。其中，朝阳区幼儿园数最多，约占北京市总数的15.98%；其次是海淀区，约占10.66%；门头沟区幼儿园数最少，约占1.93%（图4-29）。

2）小学

北京市在2017～2018学年度小学校数为984所。其中，房山区小学校数最多，约占北京市总数的10.98%；其次是大兴区，约占9.76%；门头沟区小学校数最少，约占2.24%（图4-30）。

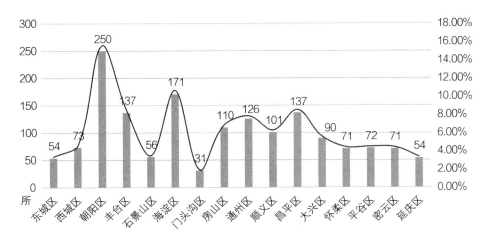

图 4-29　北京市各区在 2017～2018 学年度幼儿园数统计图

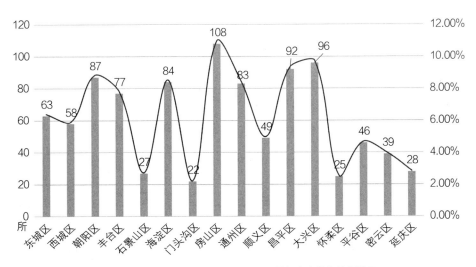

图 4-30　北京市各区在 2017～2018 学年度小学校数统计图

3）普通中学

北京市在2017~2018学年度普通中学校数为649所。其中，朝阳区普通中学校数最多，约占北京市总数的14.48%；其次是海淀区，约占12.17%；门头沟区普通中学校数最少，约占2.47%（图4-31）。

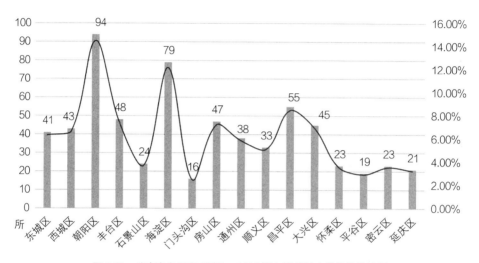

图4-31 北京市各区在2017~2018学年度普通中学校数统计图

（2）教育培训机构数量

北京市共有培训机构为16319所。其中，朝阳区培训机构数最多，约占北京市总数的22.66%；其次是海淀区，约占18.21%；门头沟区培训机构数最少，约占0.66%（表4-10、图4-32、图4-33）。

北京市各区培训机构统计表　　　　表4-10

地区	培训机构（所）
北京市	16319
东城区	665
西城区	869
朝阳区	3698

续表

地区	培训机构（所）
丰台区	1214
石景山区	421
海淀区	2971
门头沟区	107
房山区	625
通州区	1375
顺义区	644
昌平区	1755
大兴区	959
怀柔区	255
平谷区	324
密云区	266
延庆区	171

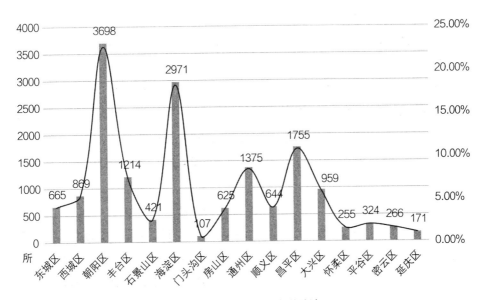

图 4-32 北京市各区培训机构统计图

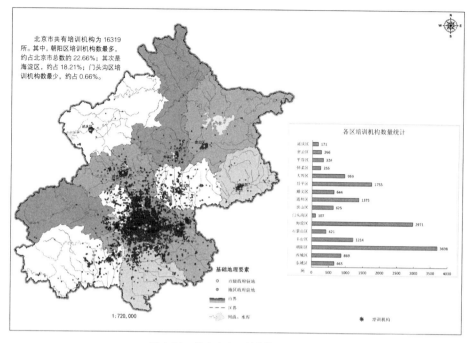

图4-33 北京市各区培训机构分布图

（3）优质学校比重

一定区域的优质学校量在一定程度上也能反映该区域教育水平。

1）小学

北京市小学一共984所，其中优质小学为273所，占北京市总量的27.74%。其中，海淀区优质小学数量最多，为66所，约占海淀区小学总数的78.57%；其次是西城区，为51所，约占西城区小学总数的87.93%；延庆区优质小学数量最少，为2所，约占延庆区小学总数的7.14%（图4-34、图4-35）。

2）高中

北京市高中一共有309所，其中优质高中为78所，占北京市总量的25.24%。其中，海淀区优质高中数量最多，为13所，约占海淀区高中总数的20.63%；其次是东城区，为11所，约占东城区高中总数的34.38%；门头沟区、怀柔区和平谷区优质高中数量最少，为1所，分别占各区高中总数的20.00%（图4-36、图4-37）。

4 北京市教育资源空间公平性分析与评估

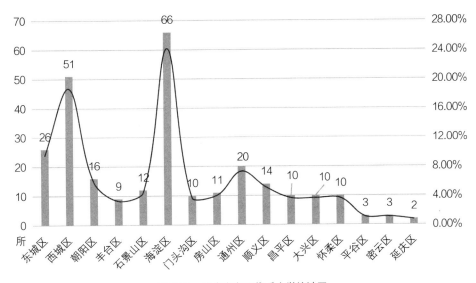

图 4-34　北京市各区优质小学统计图

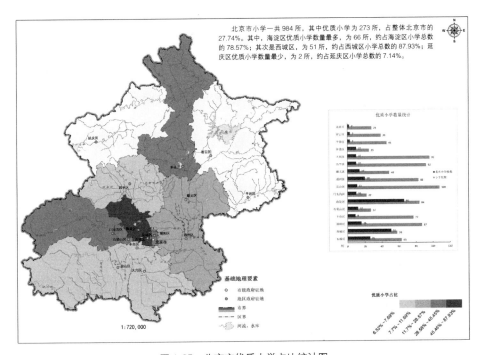

图 4-35　北京市优质小学占比统计图

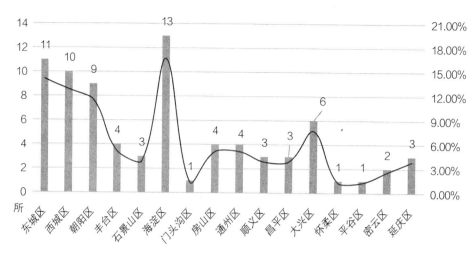

图 4-36　北京市各区优质高中统计图

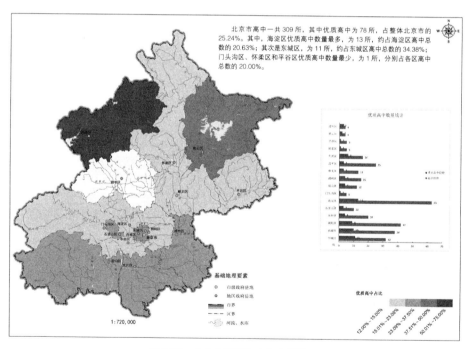

图 4-37　北京市优质高中占比统计图

（4）公立与私立比重

北京市公立学校与私立学校总体比重为1：0.37，其中幼儿园为1：0.77，小学为1：0.12，中学为1：0.17。其中朝阳区和石景山区总体比重值较高，说明私立学校相对较多；东城区、西城区及密云区的总体比重值较低，说明公立学校相对较多。从各类别来看各区域的幼儿园公立与私立比重都高，说明幼儿园的私立相对量很多（图4-38）。

（5）生均学校数量

北京市幼儿园、小学和中学一共3237所，幼儿园、小学和中学在校总人数为1751765人，整体生均学校数量为每千人2所学校。其中，延庆区幼儿园、小学和中学一共103所，幼儿园、小学和中学在校总人数为28728人，整体生均学校数量最多，为每千人4所学校；东城区、西城区和海淀区的整体生均学校数量最少，为每千人1所学校（表4-11、图4-39）。

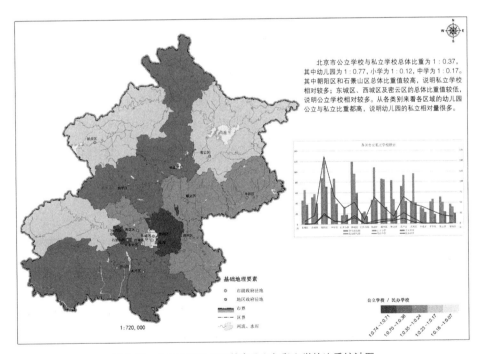

图 4-38　北京市各区公共教育公立与私立学校比重统计图

北京市各区学校及在校人数统计表　　　　表 4-11

地区	学校数量（所）				在校人数（人）				生均学校数量（所/千人）
	小计	幼儿园	小学	中学	小计	幼儿园	小学	中学	
北京市	3237	1604	984	649	1751765	445535	875849	430381	2
东城区	158	54	63	41	108345	16720	55600	36025	1
西城区	174	73	58	43	141941	19398	77537	45006	1
朝阳区	431	250	87	94	264045	78764	136971	48310	2
丰台区	262	137	77	48	132119	44323	65463	22333	2
石景山区	107	56	27	24	49657	15514	22804	11339	2
海淀区	334	171	84	79	327972	65545	163408	99019	1
门头沟区	69	31	22	16	25759	7101	11962	6696	3
房山区	265	110	108	47	105778	31537	49693	24548	3
通州区	247	126	83	38	116049	26721	64453	24875	2
顺义区	183	101	49	33	101228	28880	46444	25904	2
昌平区	284	137	92	55	105293	32005	52269	21019	3
大兴区	231	90	96	45	117846	35029	60069	22748	2
怀柔区	119	71	25	23	37282	10956	16868	9458	3
平谷区	137	72	46	19	40403	12028	17925	10450	3
密云区	133	71	39	23	49320	13151	22095	14074	3
延庆区	103	54	28	21	28728	7863	12288	8577	4

（6）生均图书册数

北京市2017年公共图书馆总藏书6528万册，幼儿园、小学和中学在校总人数为1751765人，整体生均图书册数为每人37册书。其中，海淀区公共图书馆总藏书3926万册，幼儿园、小学和中学在校总人数为327972人，整体生均图书册数最多，为每人120册书；其次是朝阳区，公共图书馆总藏书1116万册，幼儿园、小学和中学在校总人数为264045人，整体生均图书册数为每人42册书；通州区公共图书馆总藏书69万册，幼儿园、小学和中学在校总人数为116049人，整体生均图书册数最少，为每人6册书（表4-12、图4-40）。

4 北京市教育资源空间公平性分析与评估

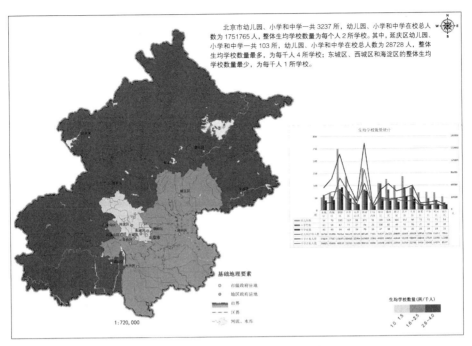

图 4-39 北京市各区生均学校数量统计图

北京市 2017 年公共图书馆情况　　表 4-12

地区	总藏书数（万册）	在校生数小计(人)	幼儿园在园人数（人）	小学在校人数（人）	中学在校人数（人）	生均图书册数（册/人）
北京市	6528	1751765	445535	875849	430381	37
东城区	150	108345	16720	55600	36025	14
西城区	234	141941	19398	77537	45006	16
朝阳区	1116	264045	78764	136971	48310	42
丰台区	106	132119	44323	65463	22333	8
石景山区	118	49657	15514	22804	11339	24
海淀区	3926	327972	65545	163408	99019	120
门头沟区	90	25759	7101	11962	6696	35
房山区	146	105778	31537	49693	24548	14
通州区	69	116049	26721	64453	24875	6
顺义区	101	101228	28880	46444	25904	10

069

续表

地区	总藏书数（万册）	在校生数小计(人)	幼儿园在园人数（人）	小学在校人数（人）	中学在校人数（人）	生均图书册数（册/人）
昌平区	71	105293	32005	52269	21019	7
大兴区	96	117846	35029	60069	22748	8
怀柔区	74	37282	10956	16868	9458	20
平谷区	101	40403	12028	17925	10450	25
密云区	71	49320	13151	22095	14074	14
延庆区	59	28728	7863	12288	8577	21

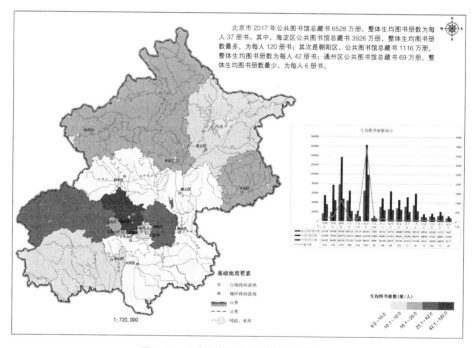

图4-40 北京市各区生均图书册数统计图

2. 师生配置

（1）在校生数

北京市在2017～2018学年度基础教育在校生数为1751765人。其中，海淀区在校生数最多,约占北京市总数的18.72%;其次是朝阳区,约占15.07%;门头沟区在校生数最少,约占1.47%(图4-41)。

1)幼儿园

北京市在2017~2018学年度幼儿园在园生数为445535人。其中,朝阳区幼儿在园生数最多,约占北京市总数的17.68%;其次是海淀区,约占14.71%;门头沟区幼儿园在园生数最少,约占1.59%(图4-42)。

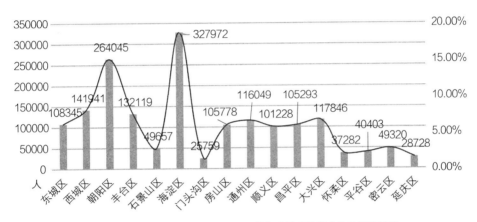

图4-41 北京市各区在2017~2018学年度基础教育在校生数统计图

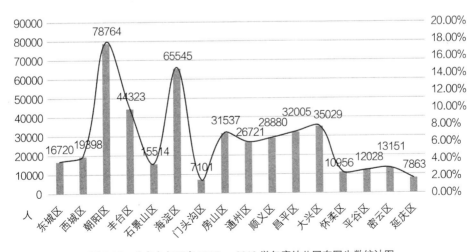

图4-42 北京市各区在2017~2018学年度幼儿园在园生数统计图

2）小学

北京市在2017～2018学年度小学在校生数为875849人。其中，海淀区小学在校生数最多，约占北京市总数的18.66%；其次是朝阳区，约占15.64%；门头沟区小学在校生数最少，约占1.37%（图4-43）。

3）普通中学

北京市在2017～2018学年度普通中学在校生数为430381人。其中，海淀区普通中学在校生数最多，约占北京市总数的23.01%；其次是朝阳区，约占11.22%；门头沟区普通中学在校生数最少，约占1.56%（图4-44）。

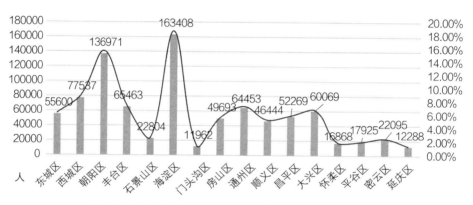

图 4-43　北京市各区在 2017～2018 学年度小学在校生数统计图

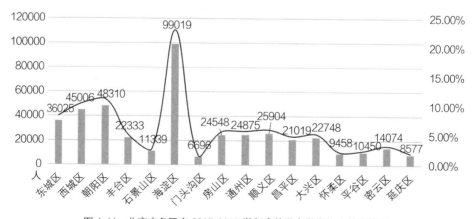

图 4-44　北京市各区在 2017-2018 学年度普通中学在校生数统计图

（2）生师比例

北京市在2017~2018学年度基础教育生师比平均值约为11.06，即1名教师平均辅导11名学生。其中，海淀区基础教育生师比平均值最大，约为13.5，说明海淀区教师资源相对紧张；其次是顺义区，约为12.24；延庆区基础教育生师比最小，约为8.74（图4-45）。

1）幼儿园

北京市在2017~2018学年度幼儿园生师比平均值约为11.75，即1名教师平均辅导约11名学生。其中，顺义区幼儿园生师比平均值最大，约为18.47，说明顺义区幼儿园教师资源相对紧张；其次是大兴区，约为15.62；东城区幼儿园生师比最小，约为8.18（图4-46）。

2）小学

北京市在2017~2018学年度小学生师比平均值约为16.29，即1名教师平均可以辅导约16名学生。其中，海淀区小学生师比平均值最大，约为21.1，表明海淀区小学教师资源相对紧张；其次是朝阳区，约为19.55；延庆区小学生师比最小，约为10.71，表明小学教师资源相对较丰富（图4-47）。

3）普通中学

北京市在2017~2018学年度普通中学生师比平均值约为6.46，即1名教师平均可以辅导约6名学生。其中，海淀区普通中学生师比平均值最大，约为8.94，表明海淀区普通中学教师资源相对紧张；其次是密云区，约为7.84；朝阳区普通中学生师比最小，约为4.49，表明普通中学教师资源相对较丰富（图4-48）。

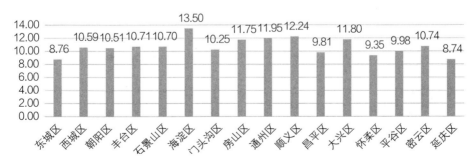

图4-45 北京市各区在2017~2018学年度基础教育生师比统计图

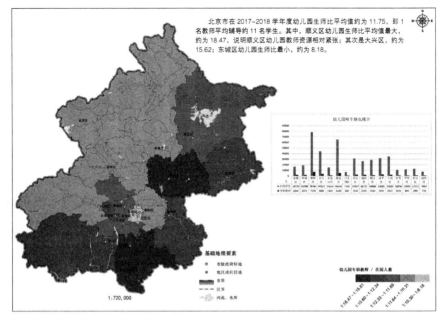

图 4-46　北京市各区在 2017 ~ 2018 学年度幼儿园生师比统计图

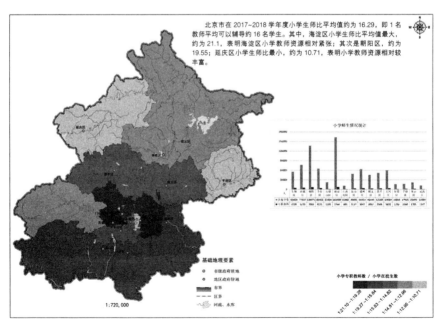

图 4-47　北京市各区在 2017 ~ 2018 学年度小学生师比统计图

4 北京市教育资源空间公平性分析与评估

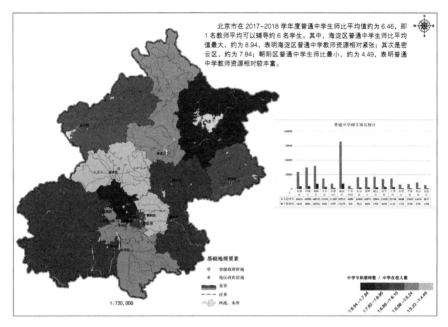

图 4-48　北京市各区在 2017～2018 学年度普通中学生师比统计图

（3）在校教职工数

北京市在2017～2018学年度基础教育在校教职工数为216970人。其中，朝阳区教职工数最多，约占北京市基础教育在校教职工总数的16.05%；其次是海淀区，约占15.67%；门头沟区在校教职工数最少，约占1.61%（图4-49）。

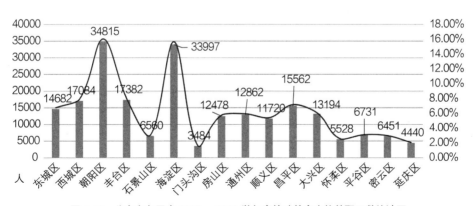

图 4-49　北京市各区在 2017～2018 学年度基础教育在校教职工数统计图

1）幼儿园

北京市在2017~2018学年度幼儿园在园教职工数为69100人。其中，朝阳区幼儿在园教职工数最多，约占北京市幼儿园教职工总数的20.37%；其次是海淀区，约占16.42%；延庆区幼儿园在园教职工数最少，约占1.51%（图4-50）。

2）小学

北京市在2017~2018学年度小学在校教职工数为60904人。其中，海淀区小学在校教职工数最多，约占北京市小学在校教职工总数的13.59%；其次是朝阳区，约占12.20%；门头沟区小学在校教职工数最少，约占1.84%（图4-51）。

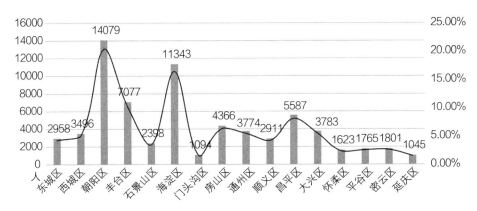

图4-50 北京市各区在2017~2018学年度幼儿园在园教职工数统计图

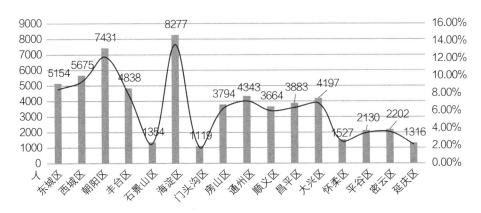

图4-51 北京市各区在2017~2018学年度小学在校教职工数统计图

3）普通中学

北京市在2017~2018学年度普通中学在校教职工数为86966人。其中，海淀区普通中学在校教职工数最多，约占北京市普通中学在校教职工总数的16.53%；其次是朝阳区，约占15.30%；门头沟区普通中学在校教职工数最少，约占1.46%（图4-52）。

（4）在校专职教师数

北京市在2017~2018学年度基础教育在校专职教师数为158320人。其中，朝阳区在校专职教师数最多，约占北京市基础教育在校专职教师总数的15.87%；其次是海淀，约占15.35%；门头沟区在校专职教师数最少，约占1.59%（图4-53）。

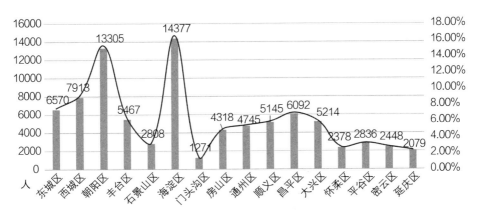

图4-52　北京市各区在2017~2018学年度普通中学在校教职工数统计图

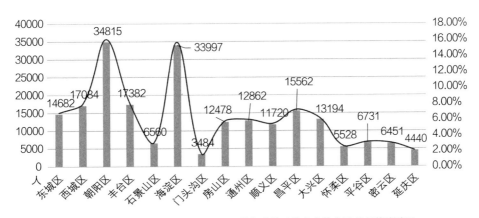

图4-53　北京市各区在2017~2018学年度基础教育在校专职教师数统计图

1）幼儿园

北京市在2017~2018学年度幼儿园在园专职教师数为37903人。其中，朝阳区幼儿园在园专职教师数最多，约占北京市幼儿园专职教师总数的19.45%；其次是海淀区，约占14.46%；门头沟区幼儿园在园专职教师数最少，约占1.82%（图4-54）。

2）小学

北京市在2017~2018学年度小学在校专职教师数为53782人。其中，海淀区小学在校专职教师数最多，约占北京市小学在校专职教师总数的14.40%；其次是朝阳区，约占13.02%；门头沟区小学在校专职教师数最少，约占1.66%（图4-55）。

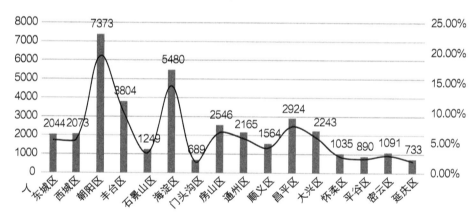

图4-54　北京市各区在2017~2018学年度幼儿园在园专职教师数统计图

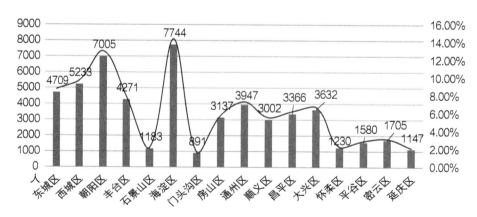

图4-55　北京市各区在2017~2018学年度小学在校专职教师数统计图

3）普通中学

北京市在2017~2018学年度普通中学在校专职教师数为66635人。其中，海淀区普通中学在校专职教师数最多，约占北京市普通中学在校专职教师总数的16.62%；其次是朝阳区，约占16.14%；门头沟区普通中学在校专职教师数最少，约占1.40%（图4-56）。

（5）专职教师比重

北京市在2017~2018学年度基础教育在校专职教师的比重为72.97%。其中，东城区在校专职教师的比重最大，约为84.25%；其次是西城区，约占78.44%；平谷区在校专职教师的比重最小，约占60.14%（图4-57）。

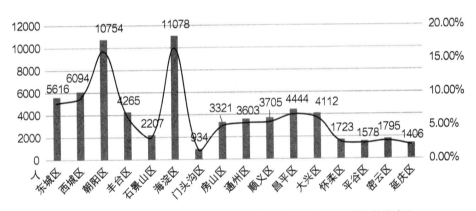

图4-56 北京市各区在2017~2018学年度普通中学在校专职教师数统计图

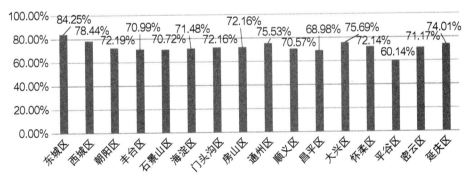

图4-57 北京市各区在2017~2018学年度基础教育在校专职教师比重统计图

1）幼儿园

北京市在2017～2018学年度幼儿园在园专职教师比重为54.85%。其中，延庆区幼儿园在校专职教师的比重最大，约为70.14%；其次是东城区，约占69.10%；海淀区幼儿园在园专职教师比重最小，约占48.31%（图4-58）。

2）小学

北京市在2017～2018学年度小学在校专职教师比重为88.31%。其中，朝阳区小学在校专职教师的比重最大，约为94.27%；其次是海淀区，约占93.56%；平谷区小学在校专职教师比重最小，约占74.18%（图4-59）。

3）普通中学

北京市在2017～2018学年度普通中学在校专职教师比重为76.62%。其中，东城区普通中学在校专职教师的比重最大，约为85.48%；其次是朝阳区，约占80.83%；平谷区普通中学在校专职教师比重最小，约占55.64%（图4-60）。

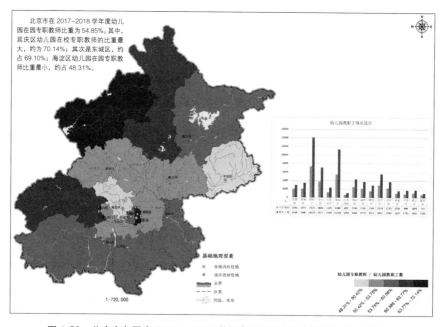

图4-58　北京市各区在2017～2018学年度幼儿园在园专职教师比重统计图

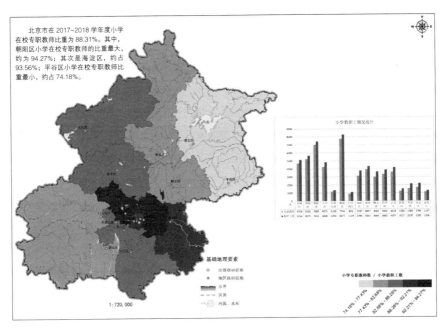

图 4-59 北京市各区在 2017～2018 学年度小学在校专职教师比重统计图

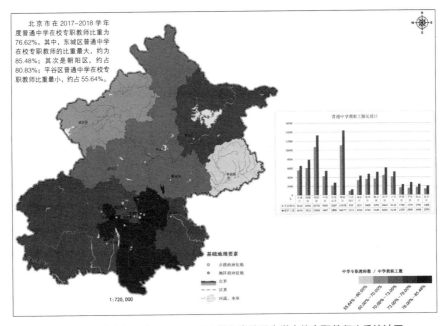

图 4-60 北京市各区在 2017～2018 学年度普通中学在校专职教师比重统计图

3. 教育条件

（1）一般公共教育支出

北京市2017年一般公共预算支出情况如表4-13所示。

2017年一般公共预算支出情况 表4-13

地区	地区生产总值（亿元）	一般公共预算支出（亿元）	教育支出（亿元）	教育支出占总支出比值（%）	教育支出占GDP比值（%）
北京市	28014.94	6824.53	964.62	14.13	3.44
东城区	2247.18	243.83	63.58	26.07	2.83
西城区	3920.72	430.77	59.01	13.70	1.51
朝阳区	5635.48	513.38	96.80	18.85	1.72
丰台区	1427.54	227.41	37.67	16.57	2.64
石景山区	535.39	98.65	16.34	16.56	3.05
海淀区	5942.79	619.07	104.91	16.95	1.77
门头沟区	174.40	95.21	16.56	17.39	9.49
房山区	681.68	217.71	38.91	17.87	5.71
通州区	758.01	320.65	36.29	11.32	4.79
顺义区	1715.87	243.10	39.58	16.28	2.31
昌平区	839.67	184.70	35.18	19.05	4.19
大兴区	644.56	229.02	39.69	17.33	6.16
怀柔区	285.80	135.10	18.92	14.00	6.62
平谷区	233.55	131.17	20.54	15.66	8.80
密云区	278.24	150.92	20.94	13.87	7.53
延庆区	136.17	121.59	23.82	19.59	17.49

据《北京区域统计年鉴2018》显示，2017年北京市整体一般公共预算支出为6824.53亿元，其中教育支出为964.62亿元，占一般公共预算支出的14.13%。

从行政区划看，2017年东城区公共教育支出占一般公共预算支出比重最高，为26.07%，其次是延庆区，为19.59%，通州区公共教育支出占一般公共预算支出比重最低，为11.32%（图4-61）。

4 北京市教育资源空间公平性分析与评估

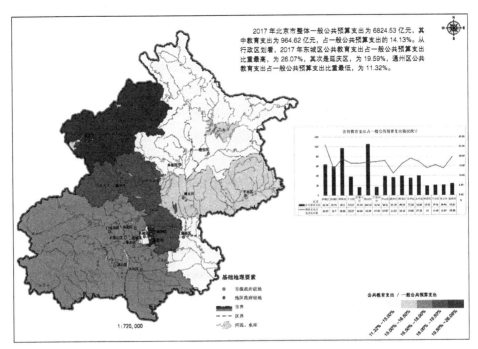

图4-61 北京市各区一般公共预算教育支出统计图

（2）公共教育支出占GDP比重

公共教育支出占国内生产总值（GDP）比重：该指标是联合国教科文组织评价一国教育经费投入情况重要指标，它还能反映一个国家和政府对教育的重视程度以及全社会发展教育的努力程度。据《北京区域统计年鉴2018》显示，2017年北京市整体地区生产总值（GDP）达到28014.94亿元，其中教育支出为964.62亿元，占地区生产总值（GDP）的3.44%。

从行政区划看，2017年海淀区教育支出最高，为104.91亿元，其次是朝阳区，为96.80亿元，石景山区教育支出最低，为16.34亿元。2017年延庆区公共教育支出占国内生产总值（GDP）比重最高，为17.49%，其次是门头沟区，为9.49%，西城区公共教育支出占国内生产总值（GDP）比重最低，为1.51%（图4-62）。

（3）生均教育支出

北京市2017年各级教育生均一般公共预算教育支出情况如表4-14所示。

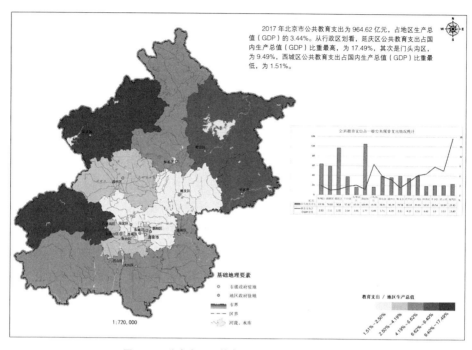

图 4-62 北京市公共教育支出占 GDP 比重统计图

2017 年各级教育生均一般公共预算教育支出情况

表 4-14
单位：元

地区	普通小学	普通初中	普通高中
北京市	30016.78	57636.12	61409.06
东城区	35563.86	61001.30	78721.43
西城区	21615.61	43913.54	58132.20
朝阳区	31065.67	59690.04	69549.46
丰台区	22890.62	46916.88	60682.71
石景山区	28931.69	55433.19	50641.06
海淀区	29766.82	49787.97	54357.97
门头沟区	48633.54	90151.68	75952.26
房山区	27019.39	63452.15	41239.82
通州区	22507.34	53427.06	68651.74
顺义区	28014.63	61537.34	69404.97

续表

地区	普通小学	普通初中	普通高中
昌平区	30697.43	56932.15	58158.15
大兴区	26362.80	54108.75	51233.98
怀柔区	41638.95	81959.66	60353.03
平谷区	46422.13	95216.59	56197.54
密云区	31268.39	59077.21	51445.36
延庆区	50920.48	80396.88	55644.72

1）普通小学

2017年全市普通小学生均一般公共预算教育事业费支出为30016.78元，从行政区划看，延庆区普通小学生均一般公共预算教育支出最高，为50920.48元，其次是门头沟区，为48633.54元，西城区普通小学生均一般公共预算教育支出最低，为21615.61元（图4-63）。

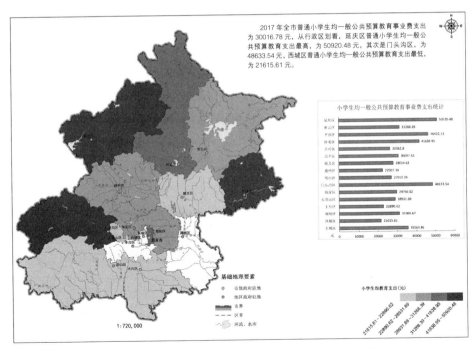

图4-63　北京市各区普通小学生均一般公共预算教育支出统计图

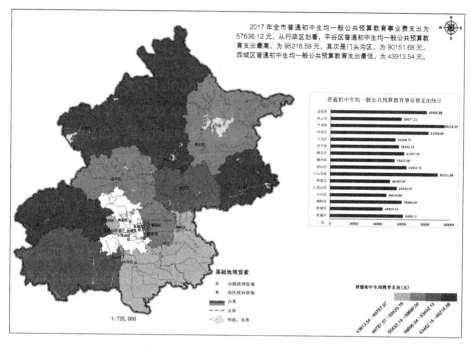

图 4-64　北京市各区普通初中生均一般公共预算教育支出统计图

2）普通初中

2017年全市普通初中生均一般公共预算教育事业费支出为57636.12元，从行政区划看，平谷区普通初中生均一般公共预算教育支出最高，为95216.59元，其次是门头沟区，为90151.68元，西城区普通初中生均一般公共预算教育支出最低，为43913.54元（图4-64）。

3）普通高中

2017年全市普通高中生均一般公共预算教育事业费支出为61409.06元，从行政区划看，东城区普通高中生均一般公共预算教育支出最高，为78721.43元，其次是门头沟区，为75952.26元，房山区普通高中生均一般公共预算教育支出最低，为41239.82元（图4-65）。

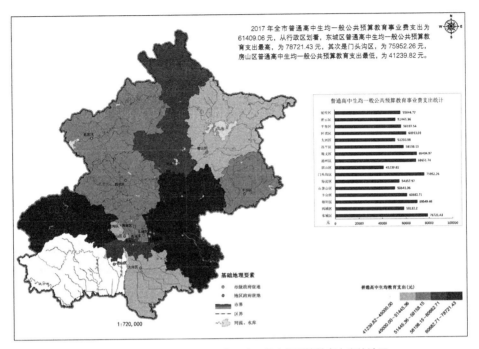

图 4-65 北京市各区普通高中生均一般公共预算教育支出统计图

4.1.3 群体间教育公平

1. 主观感知

运用心理学研究方法中的结构性访谈法对不同受访者进行《关于"公共教育资源空间公平性—主观感知"情况》的调查,旨在了解不同受访者对北京市公共教育资源公平性的真实感受,主要包括受访者对公共教育资源空间配置的均衡性、空间布局的合理性、空间位置的便利性、对公共教育资源的满意度调查以及对公共教育资源的期望度等方面的内容。

(1)空间配置均衡性

1)基础教育资源类型配置不均衡。在被问到"您所居住社区附近学校类型是否齐全"时,多数受访者表示幼儿园和小学教育资源基本能够满足其子女的受教育需求,普通中学教育资源相对缺乏,同时对区内博物馆、图书馆等资源少,不能满足学生需求,场馆开放信息不透明等问题也比较关注。经统计,以门头沟区中学教育资源最为薄弱，其次是平谷区和延庆区。

2）基础教育配套设施配置差异明显。在被问到"您所居住社区附近学校配套设施是否齐全"时，受访者表示不同学校在教育设施的配置上存在较大差异。从北京市总体上看，在区县、城乡教育设施配置上存在差异，具有中心城区优于郊区，城镇优于乡村的特点；比较来看，中学阶段区县、城乡教育设施配置差异较小学更为显著。

（2）空间布局合理性

1）基础教育机构分布不均衡。在被问到"您所居住社区附近教育机构分布是否合理"时，多数受访者表示基础教育机构分布不合理。经统计，北京市基础教育机构及教育培训机构在各区的空间分布不均衡，主要表现为教育资源集聚中心城区，从中心城区到远郊区呈现出递减式变化，同时在各区内部也表现出相同的分布特点。

2）优质学校分布差异明显。在被问到"您所居住社区附近是否有优质学校可以选择"时，多数受访者表示无优质学校可选。北京市优质教育资源过于集中于中心城区，占据全市市级重点学校的半数以上，怀柔区、平谷区、延庆区和密云区等远郊区优质学校仅有几所，分配严重不均，空间差距大。

（3）空间位置便利性

1）学校周边交通秩序堪忧。在被问到"您所居住社区的学校周边交通是否便利"时，多数受访者表示学校周边存在设施混乱，违法占用道路，等候区域不合理，门前等候空间不足，停车位不足等现象，在上下学高峰时段易造成交通拥堵，周边环境差，存在严重的安全隐患等问题，这也是学校周边环境受到受访者高度关注的主要原因。

2）学校选址合理性不容乐观。在被问到"您所居住社区的学校的选址是否合理"时，受访者表示中小学选址规划布局点不合理，与人口分布并未完全匹配，未实现中小学服务半径有效覆盖，存在部分服务盲区和重叠。普通公办中小学生源多为按学区就近就学，出行方式以非机动车为主，其对服务半径的要求则更为严格，小学的过长服务半径必然导致学生就学困难；而民办学校生源多为跨学区就学，出行方式以机动车为主，其服务半径可适当扩大，需依其差异性特征进行合理布点，保障资源的均衡分配并实现空间维度中的社会公平。

（4）教育资源满意度

综合受访者对公共教育资源总体满意度的访谈结果，可以看出受访者对公共教育资源总体上比较满意。在对校区环境满意度、对老师的教学满意度、对课程的设置满意度、对校长管理满意度和给学校综合评价中绝大多数受访者表示还可以。

（5）教育资源期望度

1）实现教育资源均衡发展。对于教育均衡发展，受访者认为当前教育需要改进的地方有平衡发展各地基础教育，改善各地教育投入差距大和城乡教学资源分配不均衡的现状，改善教育环境、合理分配有限的教育资源，提高教育资源的利用率，平衡师资与教学设备以及完善教育的监督制度等。多数受访者认为既要促进区内学校之间的均衡，也要缩小区与区之间的差距，应当通过师资交流推动优质资源共享，提高集团化办学的实效性，从而促进均衡发展。

2）实现入学机会公平。公立幼儿园入园难也是受访者反映意见和建议较为集中的一个方面。使每个学生享受平等的择校与升学机会，每个学生有平等的机会进入理想学校进行学习，解决城市外来人员子女与本地人员子女受教育的平等性，改善各地录取分数差异导致的升学差异。

3）改革教育体制与考核方式。做到学生的特长能够被挖掘，促进学生人文科学素质全面发展，改变成绩是衡量学生的唯一标准的现状。

2. 经济水平

（1）人均GDP

人均GDP，又称人均国内生产总值，常作为发展经济学中衡量经济发展状况、衡量各国人民生活水平的指标，是重要的宏观经济指标之一，它是人们了解和把握一个国家或地区的宏观经济运行状况的有效工具。据《北京区域统计年鉴2018》显示，2017年北京市整体地区生产总值（GDP）达到28014.94亿元，常住人口为2170.7万人，北京市全年的人均GDP为128994元。

从行政区划看，2017年海淀区地区生产总值（GDP）最高，为5942.79亿元，其次是朝阳区，为5635.48亿元，延庆区地区生产总值（GDP）最低，为136.17亿元。西城区人均GDP最高，为321371元，其次是东城区，为259939元，延庆区人均GDP最低，为40049元（表4-15、图4-66）。

2017 年地区生产总值情况　　　　　　　　表 4-15

地区	地区生产总值（亿元）	常住人口（万人）	人均 GDP（元/人）
北京市	28014.94	2170.7	128994
东城区	2247.18	85.1	259939
西城区	3920.72	122.0	321371
朝阳区	5635.48	373.9	148240
丰台区	1427.54	218.6	65304
石景山区	535.39	61.2	87482
海淀区	5942.79	348.0	170770
门头沟区	174.40	32.2	54161
房山区	681.68	115.4	59071
通州区	758.01	150.8	50266
顺义区	1715.87	112.8	152116
昌平区	839.67	206.3	41231
大兴区	644.56	176.1	36602
怀柔区	285.80	40.5	71629
平谷区	233.55	44.8	52780
密云区	278.24	49.0	57192
延庆区	136.17	34.0	40049

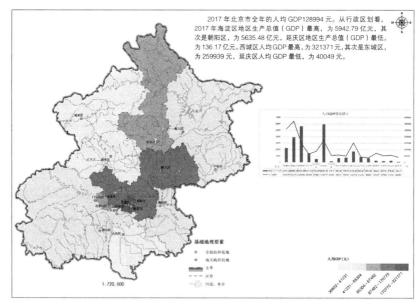

图 4-66　北京市人均生产总值（GDP）统计图

(2)收入分配水平

2017年，北京市居民人均可支配收入57230元，全市居民人均消费支出37425元。随着生活水平的提高，居民消费形态从单一物质生活需求向多样化服务需求转变，信息、旅游、娱乐等满足精神生活需求的服务性消费成为新的消费增长点，2017年，全市居民人均教育文化娱乐消费支出3917元，占人均消费支出的10.47%。

从行政区划看，2017年西城区人均可支配收入最高，为76511元，其次是海淀区，为71986元，延庆区人均可支配收入最低，为31555元。2017年海淀区人均收费支出最高，为49458元，其次是西城区，为46668元，密云区人均收费支出最低，为20306元。由于数据缺乏，居民人均教育文化娱乐消费支出不完善，待收集（表4-16、图4-67）。

2017年各区人均收入支出情况　　　　表4-16

地区	人均可支配收入（元）	人均消费支出（元）	家庭人均教育文化娱乐消费支出(元)	教育文化娱乐消费支出占比（%）
北京市	57230	37425	3917	10.47
东城区	70289	46154	4849	10.51
西城区	76511	46668	5477	11.74
朝阳区	64841	41579	—	—
丰台区	55871	38127	—	—
石景山区	66112	40767	—	—
海淀区	71986	49458	5261	10.64
门头沟区	45881	31820	—	—
房山区	36289	23180	—	—
通州区	37209	26550	2856	10.76
顺义区	33568	21371	—	—
昌平区	41632	30046	—	—
大兴区	39862	26365	2527	9.58
怀柔区	33764	23088	2040	8.84
平谷区	33414	21670	1973	9.10
密云区	32165	20306	1731	8.52
延庆区	31555	21449	—	—

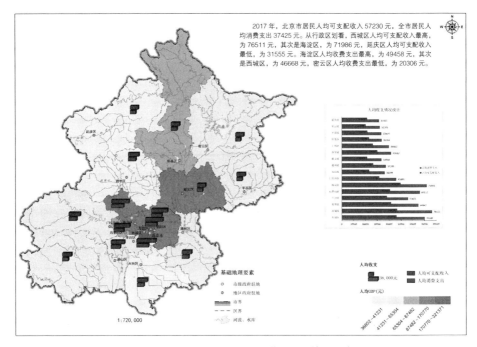

图 4-67 2017 年北京市各区人均收入支出情况统计图

3. 人口构成

（1）城乡家庭人口构成

根据北京2018年统计年鉴，获取北京市2017年年末城乡家庭人口构成数据，家庭户共分五中类型，为一人户、二人户、三人户、四人户、五人户及以上户。其中二人户的比重最大为31.5%，其次是三人户，比重为27.2%。北京市城镇地区二人户比重仍为最大，占比为31.4%，其次是三人户，比重为28.4%，北京市乡村地区二人户比重仍为最大，占比为32.3%，其次是三人户，比重为22.1%。从整体来看，无论是城镇还是乡村二人户的比重最高，其次是三人户（表4-17）。

北京市 2017 年人口城乡家庭户规模比重统计表　　　表 4-17

地区	家庭户规模所占比重（%）				
	一人户	二人户	三人户	四人户	五人及以上户
全市	21.4	31.5	27.2	10.6	9.3

续表

地区	家庭户规模所占比重（%）				
	一人户	二人户	三人户	四人户	五人及以上户
城镇	21.7	31.4	28.4	10.3	8.2
乡村	20.1	32.3	22.1	11.8	17.7

（2）户籍比重

户籍比重为户籍人口与常住人口比，根据2018年统计年鉴，统计2017年年末人口数。经过分析，北京市2017年户籍比重为62.62%，其中东城区、西城区的户籍比重超过了100%，分别为113.63%、118.85%，相对较少的为昌平区和大兴区，为30.00%、39.69%。由此可见，外来常住人口主要集中在昌平区和大兴区（表4-18）。

北京市 2017 年各区人口统计表　　　　表 4-18

单位：万人

地区	常住人口	户籍人口	城镇人口	乡村人口	户籍人口户数
全市	2170.7	1359.2	1876.6	294.1	543.1
东城区	85.1	96.7	85.1	—	34.6
西城区	122.0	145.0	122.0	—	49.1
朝阳区	373.9	209.8	373.5	0.4	83.6
丰台区	218.6	113.9	218.2	0.4	47.8
石景山区	61.2	38.2	61.2	—	14.9
海淀区	348.0	235.4	342.6	5.4	73.6
门头沟区	32.2	24.9	28.3	3.9	12.0
房山区	115.4	81.9	83.9	31.5	39.0
通州区	150.8	76.9	100.2	50.6	39.0
顺义区	112.8	63.5	62.7	50.1	27.4
昌平区	206.3	61.9	169.7	36.6	27.8
大兴区	176.1	69.9	128.0	48.1	28.2
怀柔区	40.5	28.4	27.9	12.6	13.7
平谷区	44.8	40.4	25.6	19.2	17.4
密云区	49.0	43.7	28.5	20.5	20.6
延庆区	34.0	28.5	19.2	14.8	14.3

4.1.4 空间配置公平

1. 位置条件

（1）教育设施空间分布的公平性

北京市每万人拥有的学校数量为18.48个/万人，其中幼儿园为36.00个/万人，小学为11.23个/万人，普通中学为15.08个/万人（图4-68）。

根据标准差计算公式，得出北京市每万人拥有的学校数量的标准差为7.32，其中幼儿园的标准差为13.04，小学的标准差为5.75，中学的标准差为5.39。幼儿园的标准差值较大，说明各区的幼儿园每万人拥有的学校数量与平均值差异大得较多，小学和中学的每万人拥有的学校数量与平均值差异较小。

用1/各区每万人拥有义务教育学校数的标准差评价教育设施空间的公平性。

（2）行政机关分布的空间公平性

目前掌握的国家及市级以上行政机关数量为785。其中西城区最多，为165个；其次是海淀区，为159个；最少的是延庆区，仅为2个。机关单位的分布数量与学校分布的数量基本呈现正相关（图4-69）。

（3）小初高数量及质量匹配程度

从学校的数量上来看，以幼儿园为单位值，计算各区对应的小学和中学的数

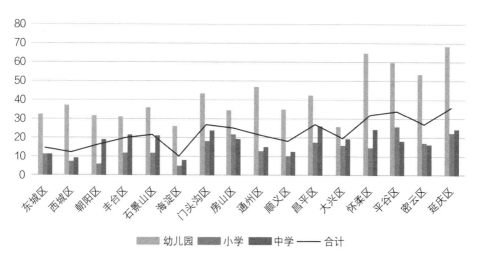

图4-68　2017年北京市各区每万人拥有的学校数量统计图

量对比值。从图4-70中可以看出，只有大兴区和东城区的小学数量超过1，而其他区都低于1。中学的数量几乎都低于对应区域的小学数值。

从学校的质量上来看，以幼儿园为单位值，计算各区对应的小学和中学的优质数量对比值。从图4-71中可以看出，只有丰台和朝阳区优质小学的数量不足1，其他区域都远高于1，通州区达到了20。中学的优质数量匹配程度，只有通州区、房山区、大兴区、密云区和延庆区超过了1，且通州区为4，其余都不足1。

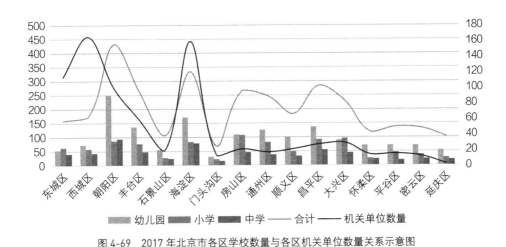

图4-69　2017年北京市各区学校数量与各区机关单位数量关系示意图

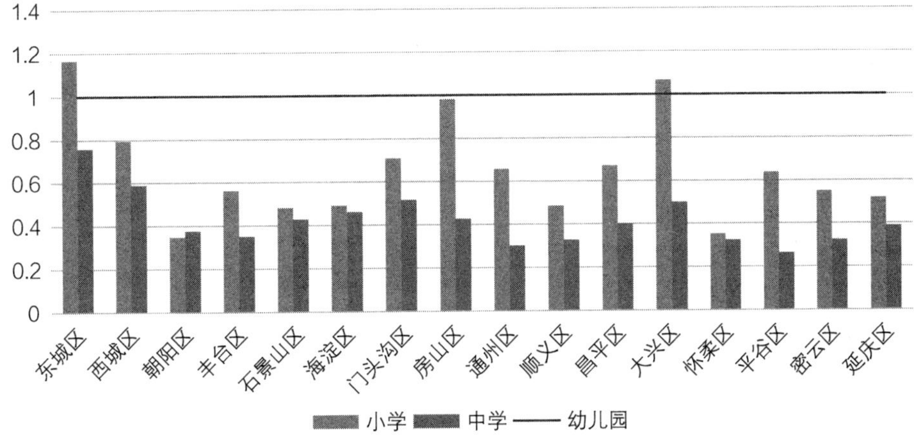

图4-70　北京市各区幼儿园、小学、中学数量匹配度

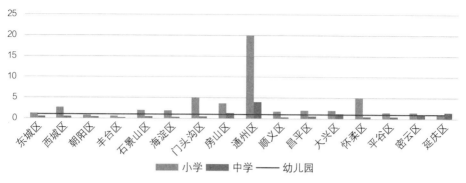

图 4-71　北京市各区幼儿园、小学、中学优质数量匹配度

（4）学校数量与硬化地表占比

根据地理国情监测数据，从地表覆盖角度来分析，北京市硬化地表面积为254.89km²，其中包括露天体育场和其他硬化地表，露天体育场的面积为26.54km²，其他硬化地表228.35km²。其中露天体育场的面积海淀区最大为4.20km²，其他硬化地表的面积朝阳区最大为26.11km²（图4-72）。

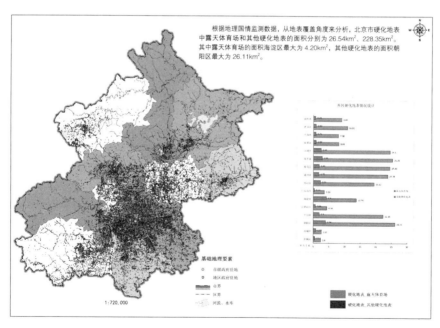

图 4-72　2017年北京市各区硬化地表分布图

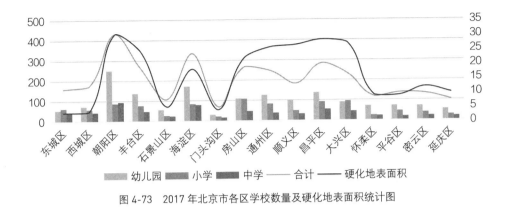

图 4-73　2017 年北京市各区学校数量及硬化地表面积统计图

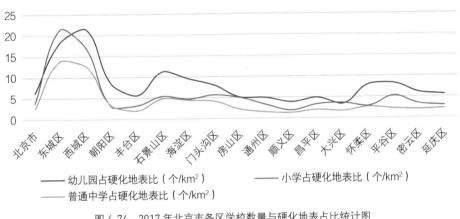

图 4-74　2017 年北京市各区学校数量与硬化地表占比统计图

从图4-73、图4-74可以看出硬化地表的在各区的面积与该区域内学校的数量呈正相关。朝阳区的硬化地表面积最大，其学校总量也是最大的。

（5）开发区面积占比

北京市的东城区和西城区的建成区面积占比为100%，东西城区全部为开发区，且其面积都较小。石景山区的开发区面积占比较大超过了60%，朝阳区、丰台区、海淀区开发区面积占比在50%～60%，通州区、大兴区、顺义区的开发区面积在20%～30%，昌平区的开发区面积为18.39%，剩余区县的开发区面积都低于10%（图4-75）。

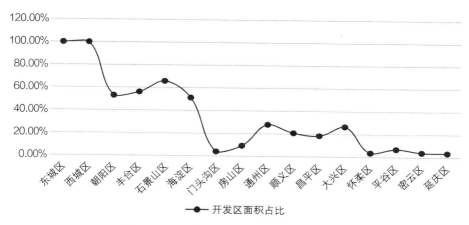

图 4-75 2017 年北京市各区开发区面积占比统计

(6) 建成区面积占比

北京市的东城区和西城区的建成区面积占比为100%，东西城区全部为建成区，且其面积都较小。进行分析时，不考虑东西城区，朝阳区的学校数量最多，其建成区的面积占比也比较大，其中石景山区建成区的面积占比略高于朝阳区，由于石景山区的行政区面积也是比较小的原因造成。从图4-76可以看出，学校出现峰值的位置和建成区出现峰值的位置基本保持一致，有较大的相关性。

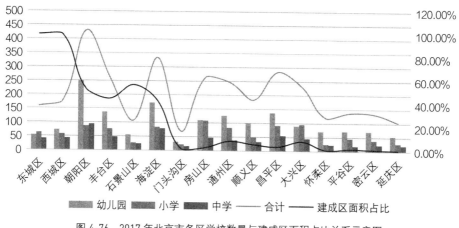

图 4-76 2017 年北京市各区学校数量与建成区面积占比关系示意图

(7) 地均数量

北京市学校的地均数量为0.2个/km², 其中东城区最高为3.8个/km², 其次是西城区, 为3.4个/km²。朝阳区、丰台区、石景山区、海淀区、通州区、昌平区、大兴区的地均数量都高于北京市的平均值。门头沟区、怀柔区、密云区、延庆区的地均数量不足0.1个/km², 远远低于北京市的平均值, 主要原因为该四个区域为远郊区, 且其建成区的占比也为最小, 大部分为山区（图4-77）。

(8) 地均面积

整体来说，北京市中学的占地面积最大，其次是小学，幼儿园占地面积最小。针对中学来说，其中西城区的中学的占地面积最大，其次东城区，最小为门头沟区和延庆区。针对小学及幼儿园来说与中学的面积占比情况一致（图4-78）。

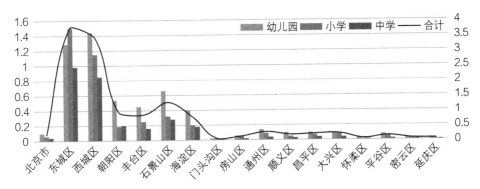

图4-77 2017年北京市各区学校地均数量统计图

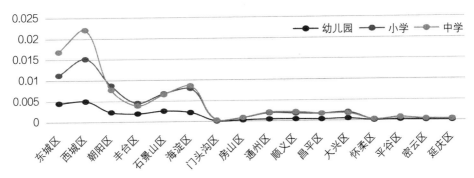

图4-78 2017年北京市各区学校占地面积与政区面积比值统计

(9) 区域分形维数与区域内学校数量占比

分形维数公式:

$$S_t = 2\ln(P_t/4)/\ln(A_t)$$

式中,S_t为t时期城市斑块的分形维数;A_t,P_t分别是t时期城市斑块的面积和周长。

北京市各区域的分形维数中,东城区最大,为1.34,最小的为门头沟区,为1.13(图4-79~图4-81)。

(10) 各区质心到天安门中心点距离与区学校数量占比

东城区质心点到中心点的距离仅为1.87km,最远的为密云区,其质心点到中心点的距离为85.75km。从图4-82、图4-83可以看出距离较远的区域的学校数量基本偏低。距离越来越远,其学校数量也越来越少。

2. 交通条件

路网的可达性指道路直接到达最终目的地的难易度,道路直接连通到居住、就学、就业等交通目的地的机会多,可达性高。我国各种城市建设统计以及许多

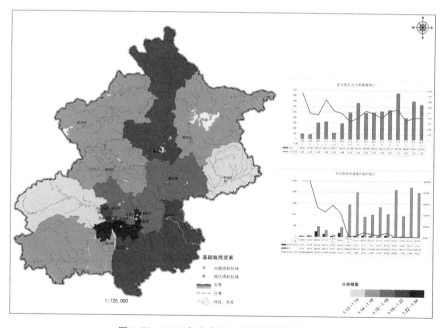

图4-79 2017年北京市各区分形维数统计图

城市环境质量、宜居城市评价指标中常有"人均道路面积"一项。城市道路具有避难、采光通风等多种功能，人均面积过小不利于交通、工程作业和举办活动，因此人均道路面积的扩大提高了城市功能和居民福利。但是，从满足人们交通需求的角度说，道路面积的价值不如长度。从面积的角度看，道路的功能与广场一样，面积大可以容纳更多的人与车停放。但对于以到达为目的的交通者而言，长度才有意义。因为长度决定了道路两侧土地容纳商店、医院、公园、车站等功能点的数量，长度越大，道路直接连接的功能点越多。路网稠密、人均道路长度

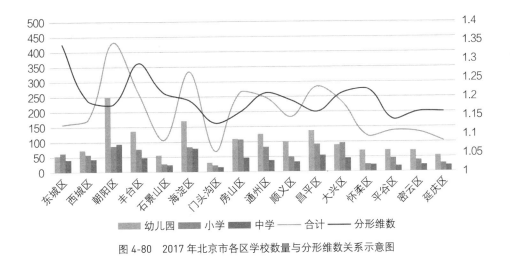

图 4-80 2017 年北京市各区学校数量与分形维数关系示意图

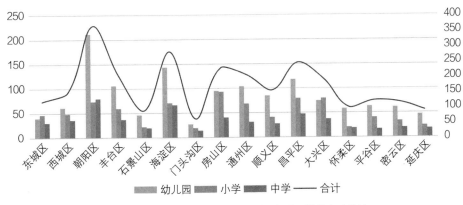

图 4-81 2017 年北京市各区学校数量与分形维数占比统计

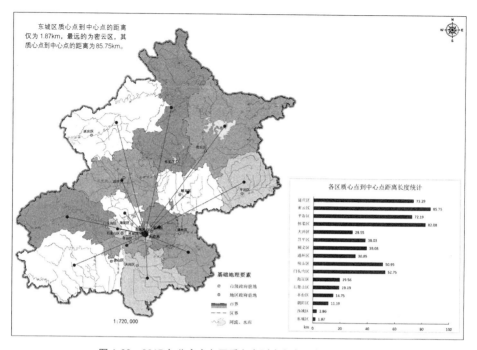

图 4-82 2017 年北京市各区质心点到中心点距离长度统计图

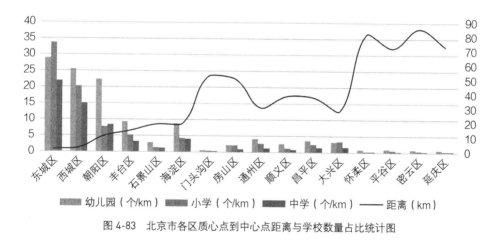

图 4-83 北京市各区质心点到中心点距离与学校数量占比统计图

大,则道路可以连通更多的住宅、商店等设施,交通者获得更多到达的机会。从城市整体看,在道路面积一定的情况下,道路加宽占用了交通用地面积,牺牲了道路长度。没有增加连通的功能点的数量,从而没有增加交通者到达目的地的机会。人均道路长度比人均道路面积对于提高交通效率的价值更大。

（1）生均道路长度

北京市道路长度为43054.45km，幼儿园、小学、初中和高中入校人数为491931人，全市生均道路长度为87.52m/人。从行政区划看，房山区道路长度最长，为5296.74km，其次是大兴区，为4721.12km，石景山区道路长度最少，为422.76km。延庆区生均道路长度最长，为378.17m/人，其次是密云区，为271.92m/人，西城区生均道路长度最少，为13.54m/人（表4-19、图4-84）。

北京市各区生均道路长度情况　　　　　　　　　　表4-19

地区	道路长度（千米）	入校学生数					生均道路长度（m/人）
		合计（人）	幼儿园（人）	小学（人）	初中（人）	高中（人）	
北京市	43054.45	491931	177354	157559	103263	53755	87.52
东城区	449.68	29059	6228	10035	7497	5299	15.47
西城区	543.22	40124	8297	15050	10181	6596	13.54
朝阳区	2559.79	77355	34065	24570	14290	4430	33.09
丰台区	1569.57	34399	15659	10760	5494	2486	45.63
石景山区	422.76	13618	5958	3768	2477	1415	31.04
海淀区	2149.95	89204	24912	28497	22315	13480	24.10
门头沟区	1820.99	7338	2767	2187	1571	813	248.16
房山区	5296.74	30411	12506	9127	5773	3005	174.17
通州区	3704.73	31936	10676	12113	6312	2835	116.00
顺义区	3958.17	30809	12462	8980	5980	3387	128.47
昌平区	3481.59	29715	12751	9424	5703	1837	117.17
大兴区	4721.12	33983	13955	11609	5989	2430	138.93
怀柔区	2479.13	10696	4457	2784	2175	1280	231.78
平谷区	3143.76	11638	4749	3091	2334	1464	270.13
密云区	3666.27	13483	4742	3536	3356	1849	271.92
延庆区	3086.98	8163	3170	2028	1816	1149	378.17

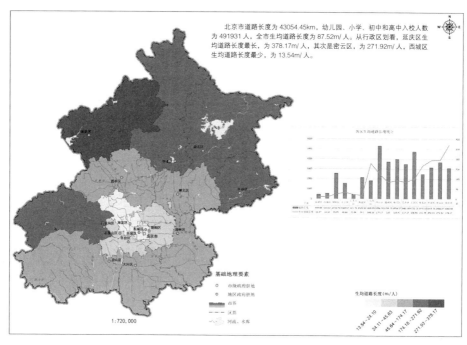

图 4-84　北京市各区生均道路长度统计图

（2）交通覆盖率

北京市道路面积为580.08km²，北京市行政区划总面积为16408.23km²，全市道路覆盖率为3.54%。从行政区划看，大兴区道路面积最大，为63.62km²，其次是顺义区，为58.13km²，东城区道路面积最小，为6.43km²。西城区道路覆盖率最大，为16.05%，其次是东城区，为15.34%，门头沟区道路覆盖率最小，为1.10%（表4-20、图4-85）。

北京市各区道路覆盖率情况　　　　　　　　　　表 4-20

地区	道路面积（km²）	面积（km²）	道路覆盖率（%）
北京市	580.08	16408.23	3.54
东城区	6.43	41.91	15.34
西城区	8.12	50.58	16.05
朝阳区	55.56	464.58	11.96

续表

地区	道路面积(km²)	面积(km²)	道路覆盖率(%)
丰台区	36.82	305.76	12.04
石景山区	7.76	84.32	9.20
海淀区	42.67	430.71	9.91
门头沟区	15.99	1448.26	1.10
房山区	56.05	1995.35	2.81
通州区	56.22	905.80	6.21
顺义区	58.13	1010.06	5.76
昌平区	53.17	1342.55	3.96
大兴区	63.62	1036.37	6.14
怀柔区	30.71	2122.30	1.45
平谷区	26.16	948.16	2.76
密云区	32.46	2226.14	1.46
延庆区	30.21	1995.38	1.51

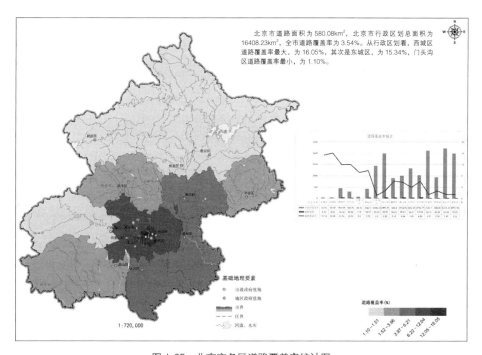

图 4-85 北京市各区道路覆盖率统计图

4.2 模型评估

4.2.1 缓冲区分析

缓冲区分析是地理信息系统最重要和最基本的空间操作功能之一。缓冲区分析是根据点、线、面实体基础，自动建立其周围一定宽度范围内的缓冲区多边形实体，从而实现空间数据在其领域得以扩展的信息分析方法。例如，公共设施（商场、邮局、银行、医院等）的服务半径，大型水库建设引起的搬迁，都是一个邻近度的问题。城市的噪声污染源所影响的一定空间范围、交通线两侧所划定的绿化带，既可分别描述为点的缓冲区与线的缓冲区带。同样学校的空间分布，按照其服务半径，分析其辐射范围内人口和住宅情况。

缓冲区分析的基本思想是给定一个空间物体（的集合），确定它（们）的某邻域。

邻域的大小由邻域半径 R 决定。因此物体 O_i 的缓冲区的定义如下：

$$B_i = \{x : d(x, O_i) \leq R\}$$

即对象 O_i 的半径为 R 的缓冲区是全部距 O_i 的距离 d 小于等于 R 的点的集合，d 一般是指最小欧氏距离。对于多个对象的集合：

$$O = \{O_i : i = 1, 2, 3 \cdots n\}$$

其半径为 R 的缓冲区是单个对象的缓冲区的并，即：

$$B = \bigcup_{i=1}^{n} B_i$$

1. 学校空间分布

根据《城市普通中小学校校舍建设标准》，要求幼儿园服务半径不宜大于300m，小学服务半径500m，中学服务半径1000m的原则，针对幼儿园、小学和中学分别做300m、500m及1000m的缓冲区进行空间分析。

北京市幼儿园300m服务半径服务面积为662.33，占北京市政区面积的4.04%，其中朝阳区的服务面积为127.13km^{2}为最大，占朝阳区政区面积为27.36%，其次是通州区，其服务面积为76.60km^2，占通州区政区面积为8.46%，最小的为门头沟区，其服务面积为7.70km², 占门头沟区政区面积为0.53%；小学500m服务半径服务面积为1269.62km², 占北京市政区面积的7.74%，其中朝阳区的服务面积为178.46km²为最大，占朝阳区政区面积的38.41%，其次是海淀区，其服务面积为145.30km², 占海淀区政区面积的33.73%，最小的怀柔区，其服务面积仅为32.26km², 占怀柔区政区面积的1.52%；普通中学1000m服务面积为1888.90km², 占北京市政区面积的11.51%，其中朝阳区的服务面积为282.49km²为最大，占朝阳区政区面积的60.81%，其次是昌平区，其服务面积为205.12km², 占昌平区政区面积的15.28%，最小的东城区，其服务面积仅为41.83km², 占东城区政区面积的99.81%，几乎百分之百全覆盖（表4-21、图4-86、图4-87）。

北京市各区幼儿园、小学及普通中学服务面积及占政区面积比值统计表　　表 4-21

单位：km²

区域	幼儿园300m缓冲区	小学500m缓冲区	普通中学1000m缓冲区	幼儿园300m缓冲区占政区面积比	小学500m缓冲区占政区面积比	普通中学1000m缓冲区占政区面积比
北京市	662.33	1269.62	1888.90	4.04%	7.74%	11.51%
东城区	13.77	34.62	41.83	32.86%	82.61%	99.81%
西城区	21.30	45.32	50.53	42.11%	89.60%	99.90%
朝阳区	127.13	178.46	282.49	27.36%	38.41%	60.81%
丰台区	59.47	88.85	123.00	19.45%	29.06%	40.23%
石景山区	13.10	32.72	47.20	15.54%	38.80%	55.98%
海淀区	73.27	145.30	200.50	17.01%	33.73%	46.55%
门头沟区	7.70	35.67	57.25	0.53%	2.46%	3.95%
房山区	45.45	118.26	153.88	2.28%	5.93%	7.71%
通州区	76.60	100.84	128.61	8.46%	11.13%	14.20%
顺义区	38.95	66.96	155.84	3.86%	6.63%	15.43%
昌平区	70.97	126.70	205.12	5.29%	9.44%	15.28%
大兴区	59.00	117.43	151.76	5.69%	11.33%	14.64%
怀柔区	16.72	32.26	69.61	0.79%	1.52%	3.28%
平谷区	14.49	55.16	68.48	1.53%	5.82%	7.22%
密云区	14.31	46.51	77.70	0.64%	2.09%	3.49%
延庆区	10.10	44.56	75.10	0.51%	2.23%	3.76%

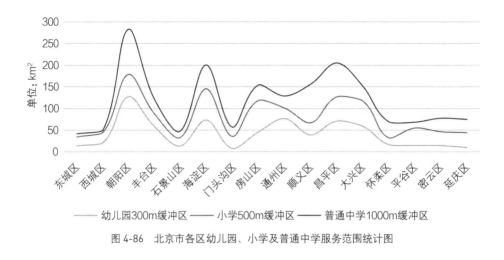

图 4-86　北京市各区幼儿园、小学及普通中学服务范围统计图

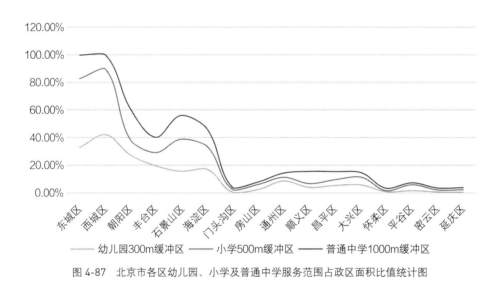

图 4-87　北京市各区幼儿园、小学及普通中学服务范围占政区面积比值统计图

2. 覆盖人口分析

根据学校的服务范围对已有的人口数据进行分析，主要分析其服务范围内覆盖的人口居住规模（表4-22、图4-88）。

北京市各区幼儿园、小学及普通中学服务面积内人口数计表　　表 4-22

区域	幼儿园300m缓冲区内人口数（万人）	小学500m缓冲区内人口数（万人）	普通中学1000m缓冲区内人口数（万人）	幼儿园300m缓冲区内人口数占区域内人口数之比（%）	小学500m缓冲区内人口数占区域内人口数之比（%）	普通中学1000m缓冲区内人口数占区域内人口数之比（%）
北京市	988.19	1314.29	1535.44	45.52	60.55	70.73
东城区	38.32	76.91	85.10	45.03	90.38	100.00
西城区	63.18	115.94	121.96	51.79	95.03	99.97
朝阳区	229.12	274.16	321.48	61.28	73.32	85.98
丰台区	118.78	153.34	172.08	54.34	70.15	78.72
石景山区	27.63	49.12	54.07	45.15	80.26	88.35
海淀区	150.36	243.11	292.05	43.21	69.86	83.92
门头沟区	7.94	16.97	20.50	24.66	52.70	63.66
房山区	31.93	51.59	53.27	27.67	44.71	46.16
通州区	71.96	63.53	66.17	47.72	42.13	43.88
顺义区	34.05	32.48	54.62	30.19	28.79	48.42
昌平区	103.07	99.89	126.64	49.96	48.42	61.39
大兴区	65.99	80.36	87.83	37.47	45.63	49.88
怀柔区	15.24	13.35	20.77	37.63	32.96	51.28
平谷区	11.62	15.04	19.03	25.94	33.57	42.48
密云区	12.00	17.26	23.89	24.49	35.22	48.76
延庆区	7.00	11.24	15.98	20.59	33.06	47.00

北京市幼儿园300m服务范围内总人口数为988.19万人，占北京市总人口数的45.52%；其中朝阳区占比最大，约为61.28%；其次是丰台区，54.34%；最小的为延庆区，仅为20.59%（图4-89）。

北京市小学500m服务范围内总人口数为1314.29万人，占北京市总人口数的60.55%；其中西城区占比最大，约为95.03%；其次是东城区，90.38%；最小的为顺义区，仅为28.79%（图4-90）。

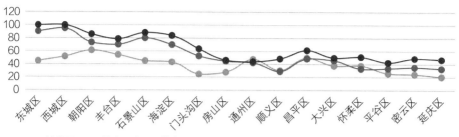

图 4-88　北京市各区幼儿园、小学及普通中学服务范围内人口占比统计图

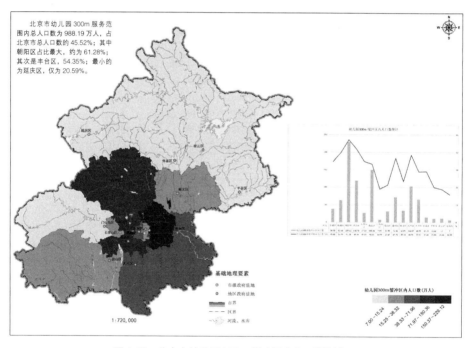

图 4-89　北京市幼儿园 300m 缓冲区内人口数统计图

北京市中学1000m服务范围内总人口数为1535.44万人，占北京市总人口数的70.73%；其中东城区占比最大，几乎全覆盖，为100%；其次是西城区，99.97%；最小的为平谷区，为42.48%（图4-91）。

4 北京市教育资源空间公平性分析与评估

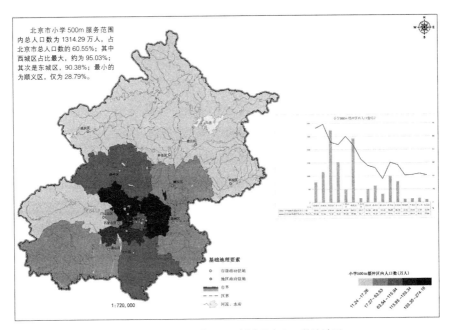

图 4-90　北京市小学 500m 缓冲区内人口数统计图

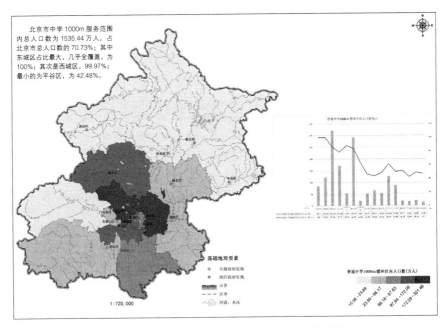

图 4-91　北京市普通中学 1000m 缓冲区内人口数统计图

3. 覆盖住宅分析

根据学校的服务范围对已有的单体建筑数据中的住宅进行分析,主要分析其服务范围内住宅的占地面积及建筑规模(表4-23、表4-24)。

北京市各区幼儿园、小学及普通中学服务面积内住宅占地面积及建筑规模统计表

表 4-23
单位:km²

地区	幼儿园300m缓冲区住宅占地面积	小学500m缓冲区住宅占地面积	普通中学1000m缓冲区住宅占地面积	幼儿园300m缓冲区住宅建筑规模	小学500m缓冲区住宅建筑规模	普通中学1000m缓冲区住宅建筑规模
北京市	97.11	135.19	150.45	450.43	544.14	654.51
东城区	2.73	5.72	6.25	12.14	22.08	25.04
西城区	3.91	7.17	7.55	19.73	33.60	35.55
朝阳区	17.27	19.74	23.81	115.64	129.18	160.59
丰台区	7.18	8.56	10.45	49.88	57.61	64.67
石景山区	1.33	2.42	2.95	10.46	16.80	19.15
海淀区	8.86	12.38	13.98	50.45	70.05	82.88
门头沟区	1.01	2.50	2.88	5.18	10.36	14.03
房山区	5.97	12.19	9.69	19.80	28.30	32.79
通州区	12.26	12.20	11.56	44.66	36.02	38.44
顺义区	6.15	6.26	12.73	17.73	18.72	31.56
昌平区	11.84	14.94	16.58	45.97	47.54	56.45
大兴区	9.56	13.14	11.37	36.06	41.51	47.67
怀柔区	2.80	2.89	3.95	5.95	5.72	8.92
平谷区	2.72	6.87	6.33	6.58	10.56	12.79
密云区	1.97	4.13	5.54	6.83	9.44	14.42
延庆区	1.55	4.08	4.83	3.37	6.65	9.56

北京市各区学校服务面积内住宅占地面积与服务范围占比统计表　　表 4-24

区域	幼儿园 300m 缓冲区住宅占地面积与服务范围占比	小学 500m 缓冲区住宅占地面积与服务范围占比	普通中学 1000m 缓冲区住宅占地面积与服务范围占比
北京市	14.66%	10.65%	7.96%
东城区	19.83%	16.52%	14.94%
西城区	18.36%	15.82%	14.94%
朝阳区	13.58%	11.06%	8.43%
丰台区	12.07%	9.63%	8.50%
石景山区	10.15%	7.40%	6.25%
海淀区	12.09%	8.52%	6.97%
门头沟区	13.12%	7.01%	5.03%
房山区	13.14%	10.31%	6.30%
通州区	16.01%	12.10%	8.99%
顺义区	15.79%	9.35%	8.17%
昌平区	16.68%	11.79%	8.08%
大兴区	16.20%	11.19%	7.49%
怀柔区	16.75%	8.96%	5.67%
平谷区	18.77%	12.45%	9.24%
密云区	13.77%	8.88%	7.13%
延庆区	15.35%	9.16%	6.43%

（1）幼儿园

北京市幼儿园300m服务范围内住宅面积为97.11km^2，其中朝阳区的住宅面积最大，为17.27km^2，其次是通州区，住宅面积为12.26km^2，最小的为门头沟区，住宅面积为1.01km^2（图4-92）。

北京市幼儿园300m服务范围内住宅建筑规模为450.43km^2。其中朝阳区的住宅建筑规模最大，为115.64km^2，其次是海淀区，住宅建筑规模为50.45km^2，最小的为延庆区，住宅建筑规模为3.37km^2（图4-93）。

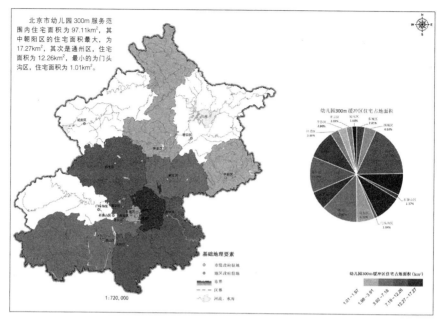

图 4-92　北京市幼儿园 300m 缓冲区住宅占地面积统计图

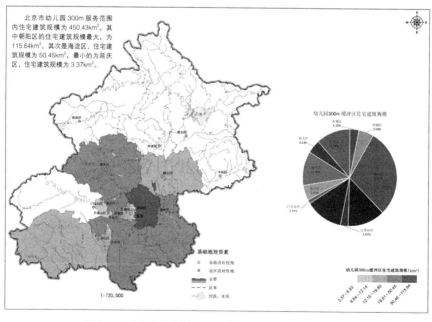

图 4-93　北京市幼儿园 300m 缓冲区住宅建筑规模统计图

北京市幼儿园300m服务范围内住宅面积占服务范围面积的14.66%，其中东城区最大，为19.83%，其次是平谷区，占比为18.77%，最小的是石景山区，占比为10.15%（图4-94）。

（2）小学

北京市小学500m服务范围内住宅面积为135.19km^2，其中朝阳区的住宅面积最大，为19.74km^2，其次是昌平区，住宅面积为14.94km^2，最小的为石景山区，住宅面积为2.42km^2（图4-95）。

北京市小学500m服务范围内住宅建筑规模为544.14km^2，其中朝阳区的住宅建筑规模最大，为129.18km^2，其次是海淀区，住宅建筑规模为70.05km^2，最小的为怀柔区，住宅建筑规模为5.72km^2（图4-96）。

北京市小学500m服务范围内住宅面积占服务范围面积的10.65%，其中东城区最大，为16.52%，其次是西城区，占比为15.82%，最小的是门头沟区，占比为7.01%（图4-97）。

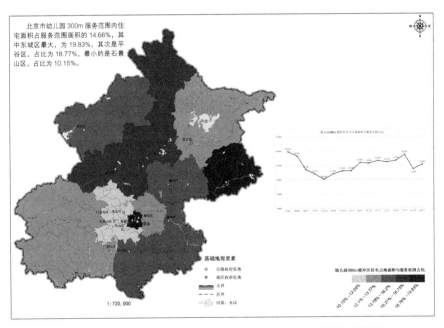

图4-94　北京市幼儿园300m缓冲区住宅占地面积与服务范围占比统计图

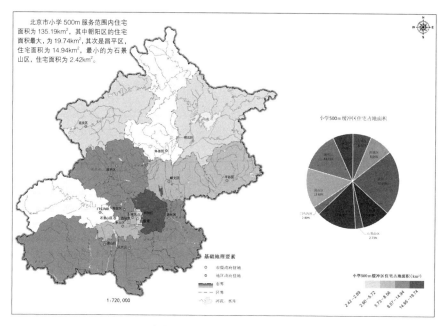

图 4-95　北京市小学 500m 缓冲区住宅占地面积统计图

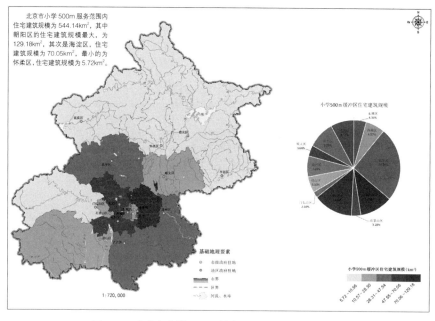

图 4-96　北京市小学 500m 缓冲区住宅建筑规模统计图

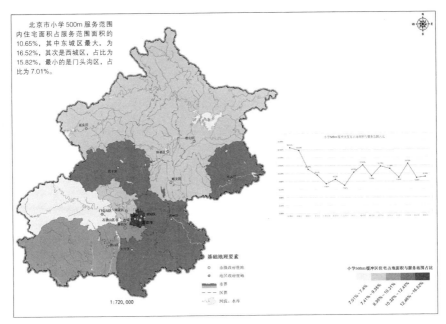

图4-97　北京市小学500m缓冲区住宅占地面积与服务范围占比统计图

（3）普通中学

北京市中学1000m服务范围内住宅面积为150.45km^2，其中朝阳区的住宅面积最大，为23.81km^2，其次是昌平区，住宅面积为16.58km^2，最小的为门头沟区，住宅面积为2.88km^2（图4-98）。

北京市中学1000m服务范围内住宅建筑规模为654.51km^2，其中朝阳区的住宅建筑规模最大，为160.59km^2，其次是海淀区，住宅建筑规模为82.88km^2，最小的为怀柔区，住宅建筑规模为8.92km^2（图4-99）。

北京市中学1000m服务范围内住宅面积占服务范围面积的7.96%，其中东、西城区最大，为14.94%，其次是平谷区，占比为9.24%，最小的是门头沟区，占比为5.03%（图4-100）。

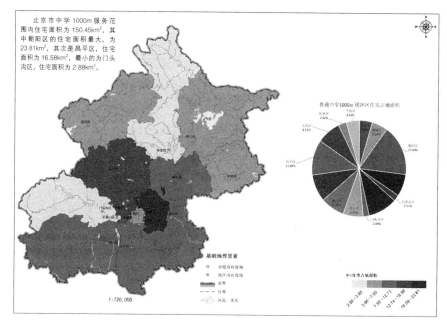

图 4-98　北京市普通中学 1000m 缓冲区住宅占地面积统计图

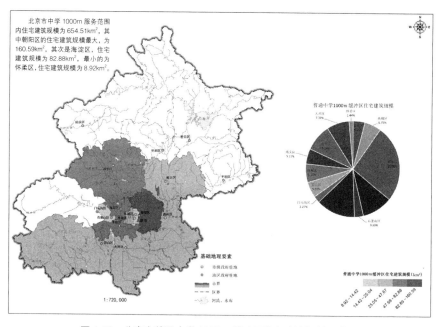

图 4-99　北京市普通中学 1000m 缓冲区住宅建筑规模统计图

4 北京市教育资源空间公平性分析与评估

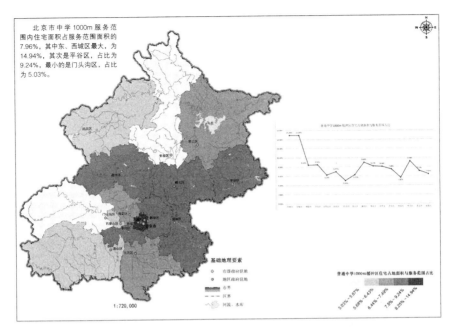

图4-100 北京市普通中学1000m缓冲区住宅占地面积与服务范围占比统计图

4.2.2 首位度

首位度在一定程度上代表了城镇体系中的城市发展要素在最大城市的集中程度。本书以区域内优质学校数量来分析区域的首位度（表4-25）。

北京市优质学校统计表　　　　表4-25

地区	重点小学		重点高中				总量	总排名
	排名	数量	排名	小计	第一梯队	第二梯队		
北京市	—	273	—	78	38	40	351	—
东城区	3	26	2	11	6	5	37	3
西城区	2	51	3	10	5	5	61	2
朝阳区	5	16	4	9	4	5	25	4
丰台区	13	9	6	4	1	3	13	10
石景山区	7	12	9	3	1	2	15	8

续表

地区	重点小学		重点高中				总量	总排名
	排名	数量	排名	小计	第一梯队	第二梯队		
海淀区	1	66	1	13	6	7	79	1
门头沟区	9	10	14	1	1	0	11	12
房山区	8	11	6	4	3	1	15	8
通州区	4	20	6	4	2	2	24	5
顺义区	6	14	9	3	1	2	17	6
昌平区	9	10	9	3	1	2	13	10
大兴区	9	10	5	6	2	4	16	7
怀柔区	9	10	14	1	1	0	11	12
平谷区	14	3	14	1	1	0	4	16
密云区	15	3	13	2	2	0	5	14
延庆区	16	2	9	3	1	2	5	14

首位度 $S=P_1/P_2$，P_1 指排在首位区域内优质学校数量，P_2 指排在第二位区域内优质学校数量。

两区域指数：$S_2 = P_1/P_2 = 79/61 = 1.2951$

四区域指数：$S_4 = P_1/(P_2+P_3+P_4) = 79/(61+37+25) = 0.6423$

十一区域指数：$S_{11} = 2P_1/(P_2+P_3+P_4+P_5+P_6+P_7+P_8+P_9+P_{10}+P_{11}) = 0.6695$

根据两区域指数法、四区域指数法和十一区域指数法计算出的北京市优质学校首位度分别是1.30，0.64，0.67。因为两区域指数法算出的首位度越接近2，优质学校的分布越接近，S_2 大于2时，值越大，说明优质学校规模分布越集中，高位教育发展比较突出，低位教育发展不够；S_2 小于2时，值越小，说明优质教育规模分布越分散。

而使用四区域指数和十一区域指数计算时，临界值则为1。总体上来看，首位度在使用三种计算方法时，得出的结果分别为1.30，0.64，0.67，距离临界值偏远，所以说，北京市优质教育学校不是按照"位序—规模"分布的。优质教育学校比较集中在首都核心区以及海淀区、朝阳区等经济教育发展水平偏高地区，郊区优质教育偏落后。

4.2.3 受益归宿分析法（BIA）

受益归宿分析方法是衡量公共支出公平性的一种常用方法，根据此方法如果一个群体享有的公共支出份额超过其所占总人口比例，此群体则为公共支出的受益者；相反，如果一个群体享有的公共支出份额低于其所占总人口比例，此群体则为公共支出的受损者。本书选取教育资源分配、教育支出分配、教育规模3个指标，8个指数来反映教育支出受益分析。

为便于比较分析，特别引入"受益比"这一指标，用于考察我国公共教育支出受益归宿的区域分布是否公平。其计算方法是将每个区域的相应指标占全市总量的比例，与该区域人口占全市人口比例进行比较，如果结果等于1，则表明该区域获得的公共教育支出实际受益是公平的；如果结果大于1，则表明该区域的实际受益过量；如果结果小于1，则表明该区域的实际受益过少，是受损者（表4-26~表4-29）。

指标选取　　　　　　　　　　　　　　　　　　　　　表 4-26

教育资源分配	教育支出分配	教育规模
学校数量	公共教育支出占GDP比值	入学人数
专职教师数		在校男女比值
班级数量	公共教育支出与一般性公共预算支出比	升学人数

北京市各区在校生数占比统计表　　　　　　　　　　　表 4-27

地区	在校生数占比
东城区	6.19%
西城区	8.10%
朝阳区	15.07%
丰台区	7.54%
石景山区	2.83%
海淀区	18.72%
门头沟区	1.47%
房山区	6.04%

续表

地区	在校生数占比
通州区	6.62%
顺义区	5.78%
昌平区	6.01%
大兴区	6.73%
怀柔区	2.13%
平谷区	2.31%
密云区	2.82%
延庆区	1.64%

北京市各区受益归宿分析指标值　　　表4-28

地区	教育资源分配			教育支出分配		教育规模		
	学校数量	专职教师数	班级数量	公共教育支出占GDP比值	公共教育支出与一般性公共预算支出比	入学人数	在校男女比值	升学人数
东城区（6.19%）	4.88%	7.81%	5.89%	3.27%	9.62%	5.91%	6.16%	6.51%
西城区（8.10%）	5.38%	8.46%	7.48%	1.74%	5.05%	8.16%	6.30%	8.04%
朝阳区（15.07%）	13.31%	15.87%	17.09%	1.99%	6.95%	15.73%	6.42%	13.11%
丰台区（7.54%）	8.09%	7.79%	7.73%	3.05%	6.11%	6.99%	6.49%	7.34%
石景山区（2.83%）	3.31%	2.93%	3.03%	3.52%	6.11%	2.77%	6.28%	2.90%
海淀区（18.72%）	10.32%	15.35%	17.02%	2.04%	6.25%	18.13%	6.48%	19.29%
门头沟区（1.47%）	2.13%	1.59%	1.55%	10.96%	6.42%	1.49%	6.01%	1.50%
房山区（6.04%）	8.19%	5.69%	6.12%	6.59%	6.59%	6.18%	6.20%	6.15%
通州区（6.62%）	7.63%	6.14%	6.19%	5.53%	4.18%	6.49%	6.31%	6.03%
顺义区（5.78%）	5.65%	5.22%	5.26%	2.67%	6.01%	6.26%	6.40%	5.95%
昌平区（6.01%）	8.77%	6.78%	6.68%	4.84%	7.03%	6.04%	6.42%	6.21%
大兴区（6.73%）	7.14%	6.31%	6.70%	7.11%	6.39%	6.91%	6.44%	6.81%
怀柔区（2.13%）	3.68%	2.52%	2.21%	7.64%	5.16%	2.17%	6.08%	2.43%
平谷区（2.31%）	4.23%	2.56%	2.49%	10.16%	5.78%	2.37%	6.24%	2.55%
密云区（2.82%）	4.11%	2.90%	2.74%	8.70%	5.12%	2.74%	6.01%	3.20%
延庆区（1.64%）	3.18%	2.08%	1.82%	20.19%	7.23%	1.66%	5.76%	1.98%

区域受益比 表 4-29

地区	教育资源分配			教育支出分配		教育规模		
	学校数量	专职教师数	班级数量	公共教育支出占GDP比值	公共教育支出与一般性公共预算支出比	入学人数	在校男女比值	升学人数
东城区（6.19%）	0.79	1.26	0.95	0.53	1.55	0.95	1.00	1.05
西城区（8.10%）	0.66	1.04	0.92	0.21	0.62	1.01	0.78	0.99
朝阳区（15.07%）	0.88	1.05	1.13	0.13	0.46	1.04	0.43	0.87
丰台区（7.54%）	1.07	1.03	1.03	0.40	0.81	0.93	0.86	0.97
石景山区（2.83%）	1.17	1.04	1.07	1.24	2.16	0.98	2.22	1.02
海淀区（18.72%）	0.55	0.82	0.91	0.11	0.33	0.97	0.35	1.03
门头沟区（1.47%）	1.45	1.08	1.05	7.46	4.37	1.01	4.09	1.02
房山区（6.04%）	1.36	0.94	1.01	1.09	1.09	1.02	1.03	1.02
通州区（6.62%）	1.15	0.93	0.94	0.84	0.63	0.98	0.95	0.91
顺义区（5.78%）	0.98	0.90	0.91	0.46	1.04	1.08	1.11	1.03
昌平区（6.01%）	1.46	1.13	1.11	0.81	1.17	1.00	1.07	1.03
大兴区（6.73%）	1.06	0.94	1.00	1.06	0.95	1.03	0.96	1.01
怀柔区（2.13%）	1.73	1.18	1.04	3.59	2.42	1.02	2.85	1.14
平谷区（2.31%）	1.83	1.11	1.08	4.40	2.50	1.03	2.70	1.10
密云区（2.82%）	1.46	1.03	0.97	3.09	1.82	0.97	2.13	1.13
延庆区（1.64%）	1.94	1.27	1.11	12.31	4.41	1.01	3.51	1.21

从以上数据及计算结果可以看出，北京市公共教育支出受益归宿的区域分布在教育资源分配、教育支出分配、教育规模方面存在较大差异。（1）教育资源分配，从学校数量指标受益比方面，东城区、西城区、朝阳区、海淀区在校学生数相对来说较多，但指标小于1，受益相对来说较少，丰台区、顺义区和大兴区受益比接近1，剩下区域在校学生数相对较少，受益比大于1，学校数量分配与在校学生数比例不相符；从专职教师数指标受益比方面，东城区和昌平区在校学生数比例大致相同，受益比大于1，延庆区在校学生数比例低，受益比大于1，其他区域指标接近1，由此可知，专职教师数与在校学生数比例不相符；从班级数量

方面，整体指标接近1，班级数量分配与在校学生数比例较相符合。（2）教育支出分配，从公共教育支出占GDP比值方面，东城区、西城区、朝阳区、丰台区、海淀区和顺义区在校学生数相对来说较多，但指标小于1，这些区域GDP较高，公共教育支出占比较少，其他区域指标大于1，整体来看，公共教育支出占GDP比值与在校学生数比例严重不相符；从公共教育支出与一般性公共预算支出比方面，西城区、朝阳区、丰台区、海淀区和通州区指标小于1，其他区域指标大于1，在校学生数比例小的区域公共教育支出较多，整体来看，公共教育支出与一般性公共预算支出比与在校学生数比例严重不相符。（3）教育规模，入学人数与升学人数指标整体上看都接近1，说明在入学人数与升学人数这两个方面与在校学生数比例相符合。

总体上看，北京市公共教育支出受益区域分布存在差异，北京市首都功能核心区和生态涵养发展区的公共教育支出处于受益状态，城市功能拓展区和城市发展新区处于受损状态，大致呈现出中心圈层和外围圈层受益，内部圈层受损的空间格局特征。

4.2.4 信息熵

"熵"是一个热力学概念，统计物理学中它表示分子不规则运动的程度。在地理学中对城市基础教育的空间分布进行定量分析，用"熵"对城市基础教育空间分布均衡度进行度量。城市基础教育信息熵可以综合反映某区域在一定时段内城市基础教育的空间分布及其均衡程度，对于区域基础教育建设具有一定指导意义。它反映基础教育分布的有序程度，熵越大，有序度越低；反之，有序度越高。依照基础教育信息熵（H）定义，可得出如下信息熵公式。

假设一个城市的基础教育的某一指标的总量为S，该城市的区域单元数为n，各区域单元内基础教育的该项指标的总量为S_i（$i=1, 2\cdots n$），各区域单元内基础教育的该项指标占该区域基础教育该项指标总量的比例为P_i，计算公式为：

$$P_i = \frac{S_i}{S} = \frac{S_i}{\sum S_i} \quad (i=1, 2\cdots n) \quad \quad (4\text{-}1)$$

显然P_i具有归一性质：

$$\sum_i P_i = 1 \quad (i=1, 2\cdots n) \quad (4\text{-}2)$$

因此P_i相当于事件的概率，从而可以依照Shannon熵公式定义基础教育的信息熵（H）为：

$$H = -\sum_i (P_i \ln P_i) \quad (i=1, 2\cdots n) \quad (4\text{-}3)$$

式中，H为信息熵。当各单元内基础教育该项指标相等，即$S_1 = S_2 = \cdots = S_n = \frac{S}{n}$时，信息熵最大，即$H_{max} = \ln n$。

基于信息熵公式，可以定义基础教育的均衡度（J）和优势度（I），即：

$$J = \frac{H}{H_{max}} = \frac{H}{\ln n} = \frac{\sum_i (P_i \ln P_i)}{\ln n} \quad (i=1, 2\cdots n) \quad (4\text{-}4)$$

$$I = 1 - J \quad (4\text{-}5)$$

式中 J为均衡度，J值越大，表明区域基础教育的均衡性就越强；I为优势度，优势度反映区域内基础教育的优势程度，与均衡度的意义相反（表4-30）。

北京市各区熵、均衡度、优势度统计分析表　　　　　表4-30

地区	基础教育			幼儿园数			小学校数			普通中学校数		
	H	J	I	H	J	I	H	J	I	H	J	I
北京市	2.6672	0.9620	0.0380	1.6589	0.5983	0.4017	1.1722	0.4228	0.5772	0.8534	0.3078	0.6922
东城区	2.7252	0.9619	0.0381	2.6029	0.9187	0.0813	2.7366	0.9659	0.0341	2.6718	0.9430	0.0570
西城区	2.5981	0.9594	0.0406	2.4422	0.9018	0.0982	2.5908	0.9567	0.0433	2.5878	0.9556	0.0444
朝阳区	3.6763	0.9658	0.0342	3.6138	0.9493	0.0507	3.6892	0.9691	0.0309	3.6288	0.9533	0.0467
丰台区	2.6048	0.9194	0.0806	2.5550	0.9018	0.0982	2.6000	0.9177	0.0823	2.6195	0.9246	0.0754
石景山区	2.1123	0.9613	0.0387	2.0513	0.9336	0.0664	2.1022	0.9568	0.0432	2.1175	0.9637	0.0363
海淀区	3.2375	0.9615	0.0385	3.1825	0.9451	0.0549	3.2406	0.9624	0.0376	3.1569	0.9375	0.0625
门头沟区	2.2929	0.8939	0.1061	1.8849	0.7349	0.2651	2.3511	0.9166	0.0834	2.0125	0.7846	0.2154
房山区	2.8586	0.8579	0.1421	2.6321	0.7899	0.2101	3.0403	0.9124	0.0876	2.7281	0.8187	0.1813
通州区	2.5479	0.8993	0.1007	2.4211	0.8545	0.1455	2.6916	0.9500	0.0500	2.5348	0.8947	0.1053

续表

地区	基础教育			幼儿园数			小学校数			普通中学校数		
	H	J	I	H	J	I	H	J	I	H	J	I
顺义区	2.9581	0.9308	0.0692	2.9034	0.9136	0.0864	3.0009	0.9443	0.0557	2.8269	0.8895	0.1105
昌平区	2.8008	0.9199	0.0801	2.6684	0.8765	0.1235	2.8314	0.9300	0.0700	2.6790	0.8799	0.1201
大兴区	2.9257	0.9465	0.0535	2.7550	0.8913	0.1087	2.9983	0.9700	0.0300	2.8966	0.9371	0.0629
怀柔区	2.4695	0.8907	0.1093	2.1627	0.7800	0.2200	2.6312	0.9490	0.0510	2.4969	0.9006	0.0994
平谷区	2.6325	0.9108	0.0892	2.1401	0.7404	0.2596	2.7947	0.9669	0.0331	2.4750	0.8563	0.1437
密云区	2.6634	0.8891	0.1109	2.2072	0.7368	0.2632	2.8218	0.9419	0.0581	2.6820	0.8953	0.1047
延庆区	2.6426	0.9143	0.0857	2.1564	0.7461	0.2539	2.7241	0.9425	0.0575	2.5911	0.8965	0.1035

1. 基础教育

北京市基础教育学校数量"熵"(H)来看,朝阳区H值最大,说明朝阳区基础教育学校数量分布的有序程度最低,其次是海淀区,石景山区H值最小,说明石景山区基础教育学校数量分布的有序程度最高。

北京市基础教育学校数量均衡度(J)来看,朝阳区J值最高,说明朝阳区基础教育学校数量的均衡性最强,其次是东城区,房山区J值最低,说明房山区基础教育学校数量的均衡性最低。

北京市基础教育学校数量优势度(I)来看,房山区I值最高,说明房山区基础教育学校数量的优势度最高,其次是密云区,朝阳区I值最低,说明朝阳区基础教育学校数量的优势度最低(图4-101)。

2. 幼儿园

北京市在2017~2018学年度幼儿园数"熵"(H)来看,朝阳区H值最大,说明朝阳区幼儿园数分布的有序程度最低,其次是海淀区,门头沟区H值最小,说明门头沟区幼儿园数分布的有序程度最高。

北京市在2017~2018学年度幼儿园数均衡度(J)来看,朝阳区J值最高,说明朝阳区幼儿园数的均衡性最强,其次是海淀区,门头沟区J值最低,说明门头沟区幼儿园数的均衡性最低。

北京市在2017~2018学年度幼儿园数优势度(I)来看,门头沟区I值最高,说明门头沟区幼儿园数的优势度最高,其次是密云区,朝阳区I值最低,说明朝阳区幼儿园数的优势度最高（图4-102）。

3. 小学

北京市在2017~2018学年度小学校数"熵"（H）来看，朝阳区H值最大，说明朝阳区小学校数分布的有序程度最低，其次是海淀区，石景山区H值最小，说

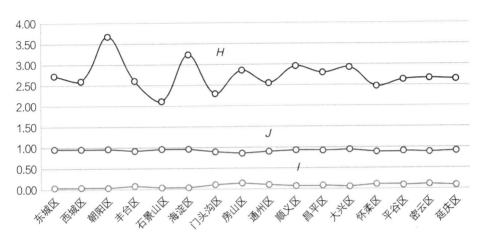

图 4-101　北京市各区基础教育统计图

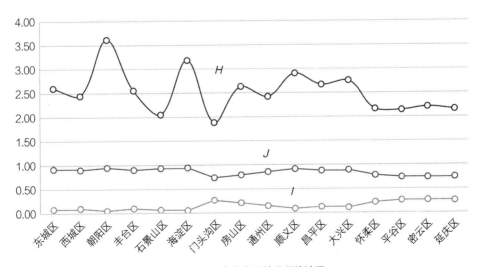

图 4-102　北京市各区幼儿园统计图

明石景山区小学校数分布的有序程度最高。

北京市在2017~2018学年度小学校数均衡度（J）来看，朝阳区J值最高，说明朝阳区小学校数的均衡性最强，其次是东城区，房山区J值最低，说明房山区小学校数的均衡性最低。

北京市在2017~2018学年度小学校数优势度（I）来看，房山区I值最高，说明房山区小学校数的优势度最高，其次是门头沟区，大兴区I值最低，说明大兴区小学校数的优势度最低（图4-103）。

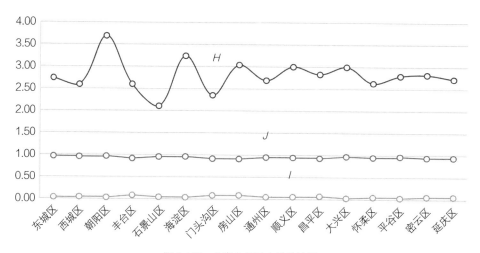

图4-103　北京市各区小学统计图

4. 普通中学

北京市在2017~2018学年度普通中学校数"熵"（H）来看，朝阳区H值最大，说明朝阳区普通中学校数分布的有序程度最低，其次是海淀区，门头沟区H值最小，说明门头沟区普通中学校数分布的有序程度最高。

北京市在2017~2018学年度普通中学校数均衡度（J）来看，石景山区J值最高，说明石景山区普通中学校数的均衡性最强，其次是西城区，门头沟区J值最低，说明门头沟区普通中学校数的均衡性最低。

北京市在2017~2018学年度普通中学校数优势度（I）来看，门头沟区I值最高，说明门头沟区普通中学校数的优势度最高，其次是房山区，石景山区I值最低，说明石景山区普通中学校数的优势度最低（图4-104）。

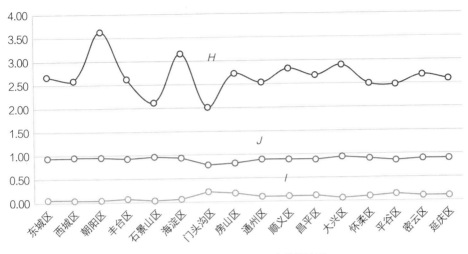

图 4-104　北京市各区普通中学统计图

4.2.5　洛伦兹曲线

洛伦兹曲线法是经济学领域中的一项重要分析方法，通常用于描述社会收入分布的不均匀程度。目前，随着洛伦兹曲线在其他领域中的不断拓展，已不仅被用于收入分配问题的研究，而是成为一种有效的均衡分析的统计工具。

洛伦兹曲线研究的是国民收入在国民之间的分配问题。为了研究国民收入在国民之间的分配问题，美国统计学家（或说奥地利统计学家）M.O.洛伦兹（Max Otto Lorenz）1907年（或说1905年）提出了著名的洛伦兹曲线。意大利经济学家基尼在此基础上定义了基尼系数。

画一个矩形，矩形的高衡量社会财富的百分比，将之分为五等份，每一等份为20的社会总财富。在矩形的长上，将100个家庭从最贫者到最富者自左向右排列，也分为5等份，第一个等份代表收入最低的20的家庭。在这个矩形中，将每一等份的家庭所有拥有的财富的百分比累计起来，并将相应的点画在图上，便得到了一条曲线就是洛伦兹曲线（图4-105）。

显而易见，洛伦兹曲线的弯曲程度具有重要意义。一般来说，它反映了收入分配的不平等程度。弯曲程度越大，收入分配程度越不平等；反之亦然。特别

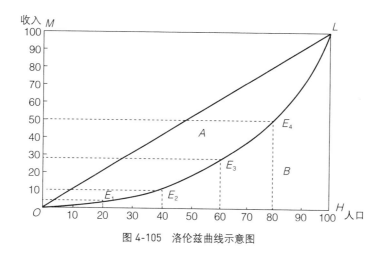

图 4-105　洛伦兹曲线示意图

是,如果所有收入都集中在某一个人手中,而其余人口均一无所有,收入分配达到完全不平等,洛伦兹曲线成为折线 OHL;另一方面,如果任一人口百分比等于其收入百分比,从而人口累计百分比等于收入累计百分比,则收入分配就是完全平等的,洛伦兹曲线成为通过原点的45°线 OL。

洛伦兹曲线用以比较和分析一个国家在不同时代或者不同国家在同一时代的财富不平等,该曲线作为一个总结收入和财富分配信息的便利的图形方法得到广泛应用。

图4-105中横轴 OH 表示人口(按收入由低到高分组)的累积百分比,纵轴 OM 表示收入的累积百分比,弧线 OL 为洛伦兹曲线。

一般来说,一个国家的收入分配,既不是完全不平等,也不是完全平等,而是介于两者之间。相应的洛伦兹曲线,既不是折线 OHL,也不是45°线 OL,而是像图中这样向横轴凸出的弧线 OL,尽管凸出的程度有所不同。

将洛伦兹曲线与45°线之间的部分 A 叫作"不平等面积",当收入分配达到完全不平等时,洛伦兹曲线成为折线 OHL,OHL 与45°线之间的面积 A+B 叫作"完全不平等面积"。不平等面积与完全不平等面积之比,成为基尼系数,是衡量一国贫富差距的标准。基尼系数 $G=A/(A+B)$。显然,基尼系数不会大于1,也不会小于零。

运用洛伦兹曲线模型对北京市公共基础教育的建设现状进行分析,反映其与所在区域的空间分布特征。

洛伦兹曲线也叫频率累积曲线，它最早是在经济学中用来测度财富分配差异的工具，是美国经济学家洛伦兹提出的一种关于研究工业集中化的统计方法。我们将它用在地理信息系统中，用来分析某一事物分布的空间格局。制作洛伦兹曲线，首先确定区域等级，其次求出该等级下各区域某一指标数量占该指标总量的百分比，再将百分比数由低向高累加，得到一个累积百分比序列X_1、X_2、X_3…X_n，再求出相对于这一指标累积序列的另一指标百分比的累积百分比Y_1、Y_2、Y_3…Y_n，将每对X，Y值绘到坐标图上，各点的连线即得到所需主题的洛伦兹曲线。坐标轴的对角线表示两种分布具有相同的百分比和累积百分比，二者分布关系是均衡的。曲线到对角线的距离就是两种分布的差异性测度。如果分布是均匀的，则洛伦兹曲线与对角线重合。

基于北京市地理国情常态化监测数据成果，选取北京市16个区为研究区域，以其常住人口为指标，求出累积百分比序列X_1、X_2、X_3…X_n，分别以基础教育（幼儿园、小学、普通中学）的数量、占地面积、在校学生数和专职教师数等为指标，得出其百分比的累积百分比序列Y_1、Y_2、Y_3…Y_n，分别绘制其相应的洛伦兹曲线，分析其空间格局。

1. 基础教育（幼儿园、小学、普通中学）的数量现状分析

从常住人口和基础教育学校数量的洛伦兹曲线看，北京市的基础教育学校数量分布与常住人口分布有一定差异。从常住人口和基础教育学校数量占比看，基础教育学校数量分布并不均衡，朝阳区和海淀区基础教育学校数量较大；门头沟区基础教育学校数量最少（图4-106）。

2. 学校占地面积现状分析

从常住人口和学校占地面积的洛伦兹曲线看，北京市的学校占地面积与常住人口分布不均衡。对比常住人口与学校占地面积的洛伦兹曲线分析可知，学校数量与其占地面积同常住人口的关系呈现出相反的弧线，不同区域的学校，其占地面积存在较大差异（图4-107）。

3. 在校学生数现状分析

从常住人口和在校学生数的洛伦兹曲线看，北京市在校学生与常住人口分布相对均衡（图4-108）。

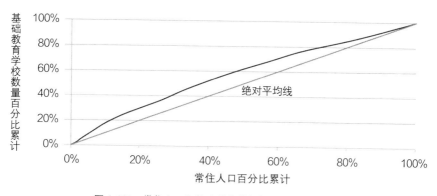

图 4-106　常住人口和基础教育学校数量的洛伦兹曲线

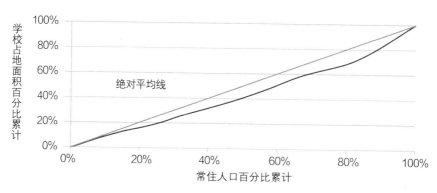

图 4-107　常住人口和学校占地面积的洛伦兹曲线

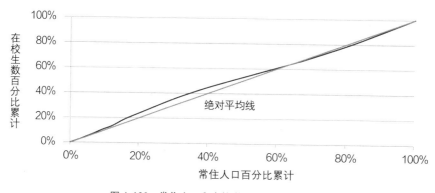

图 4-108　常住人口和在校学生数的洛伦兹曲线

4. 专职教师数现状分析

从常住人口和专职教师数的洛伦兹曲线看，北京市专职教师与常住人口分布差异较小（图4-109）。

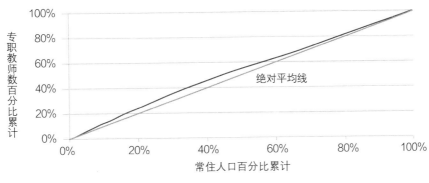

图 4-109　常住人口和专职教师数的洛伦兹曲线

4.2.6　灰色关联分析法模型构建

灰色关联分析是指对一个系统发展变化态势的定量描述和比较的方法，其基本思想是通过确定参考数据列和若干个比较数据列的几何形状相似程度来判断其联系是否紧密，它反映了曲线间的关联程度。

1. 灰色关联分析的使用

通常可以运用此方法来分析各个因素对于结果的影响程度，也可以运用此方法解决随时间变化的综合评价类问题，其核心是按照一定规则确立随时间变化的母序列，把各个评估对象随时间的变化作为子序列，求各个子序列与母序列的相关程度，依照相关性大小得出结论。

灰色系统理论是由著名学者邓聚龙教授首创的一种系统科学理论（Grey Theory），其中的灰色关联分析是根据各因素变化曲线几何形状的相似程度，来判断因素之间关联程度的方法。

此方法通过对动态过程发展态势的量化分析，完成对系统内时间序列有关统计数据几何关系的比较，求出参考数列与各比较数列之间的灰色关联度。与参考数列关联度越大的比较数列,其发展方向和速率与参考数列越接近,与参考数列的关系越紧密。

灰色关联分析方法要求样本容量可以少到4个,对数据无规律同样适用,不会出现量化结果与定性分析结果不符的情况。其基本思想是将评价指标原始观测数进行无量纲化处理,计算关联系数、关联度以及根据关联度的大小对待评指标进行排序。

灰色关联度的应用涉及社会科学和自然科学的各个领域,尤其在社会经济领域,如国民经济各部门投资收益、区域经济优势分析、产业结构调整等方面,都取得较好的应用效果。

关联度有绝对关联度和相对关联度之分,绝对关联度采用初始点零化法进行初值化处理,当分析的因素差异较大时,由于变量间的量纲不一致,往往影响分析,难以得出合理的结果。而相对关联度用相对量进行分析,计算结果仅与序列相对于初始点的变化速率有关,与各观测数据大小无关,这在一定程度上弥补了绝对关联度的缺陷。

2. 灰色关联分析的步骤

灰色关联分析的具体计算步骤如下:

第一步:确定分析数列。

确定反映系统行为特征的参考数列和影响系统行为的比较数列。反映系统行为特征的数据序列,称为参考数列。影响系统行为的因素组成的数据序列,称为比较数列。

设参考数列(又称母序列)为 $Y = \{Y(k) | k = 1, 2, \wedge, n\}$;比较数列(又称子序列)$X_i = \{X_i(k) | k = 1, 2, \wedge, n\}$,$i = 1, 2, \wedge, m$。

第二步,变量的无量纲化。

由于系统中各因素列中的数据可能因量纲不同,不便于比较或在比较时难以得到正确的结论。因此在进行灰色关联度分析时,一般都要进行数据的无量纲化处理。

$$x_i(k) = \frac{X_i(k)}{X_i(l)}, k = 1, 2, \wedge, n; i = 0, 1, 2, \wedge, m$$

第三步，计算关联系数。

$x_0(k)$ 与 $x_i(k)$ 的关联系数

$$\zeta_i(k)=\frac{\min\limits_{i}\min\limits_{k}|y(k)-x_i(k)|+\rho\max\limits_{i}\max\limits_{k}|y(k)-x_i(k)|}{|y(k)-x_i(k)|+\rho\max\limits_{i}\max\limits_{k}|y(k)-x_i(k)|}$$

记 $\Delta_i(k)=|y(k)-x_i(k)|$，则

$$\zeta_i(k)=\frac{\min\limits_{i}\min\limits_{k}\Delta_i(k)+\rho\max\limits_{i}\max\limits_{k}\Delta_i(k)}{\Delta_i(k)+\rho\max\limits_{i}\max\limits_{k}\Delta_i(k)}$$

$\rho\in(0,\infty)$，称为分辨系数。ρ 越小，分辨力越大，一般 ρ 的取值区间为（0，1），具体取值可视情况而定。当 $\rho\leq0.5463$ 时，分辨力最好，通常取 $\rho=0.5$。

第四步，计算关联度。

因为关联系数是比较数列与参考数列在各个时刻（即曲线中的各点）的关联程度值，所以它的数不只一个，而信息过于分散不便于进行整体性比较。因此有必要将各个时刻（即曲线中的各点）的关联系数集中为一个值，即求其平均值，作为比较数列与参考数列间关联程度的数量表示，关联度 r_i 公式如下：

$$r_i=\frac{1}{n}\sum_{k=1}^{n}\zeta_i(k),k=1,2,\wedge,n$$

第五步，关联度排序。

关联度按大小排序，如果 $r_1<r_2$，则参考数列 y 与比较数列 x_2 更相似。

在算出 $X_i(k)$ 序列与 $Y(k)$ 序列的关联系数后，计算各类关联系数的平均值，平均值 r_i 就称为 $Y(k)$ 与 $X_i(k)$ 的关联度。

运用灰色关联分析法模型对北京市基础教育学校数量、常住人口、GDP、交通覆盖率、居住小区数量和机关单位数量在16个地区的现状进行关联分析，反映其在所属区域的空间分布特征。

以各地区内的学校数量为参考数列即为 X_0，可表示为 $X_0=(X_0(1),X_0(2)\cdots X_0(n))$；以各地区内的常住人口、GDP、交通覆盖率、居住小区数量和机关单位数量为比较数列，分别记为 X_1,X_2,X_3,X_4,X_5，可表示为 $X_1=(X_1(1),X_1(2)\cdots X_1(n))\cdots X_k=(X_k(1),X_k(2)\cdots X_k(n))$，对关联数列进行无量纲化处理，得到灰色关联分析的参考数列和比较数列的初始值如表4-31所示。

灰色关联分析的参考数列和比较数列初始值统计表　　　　表 4-31

地区	东城区	西城区	朝阳区	丰台区	石景山区	海淀区	门头沟区	房山区	通州区	顺义区	昌平区	大兴区	怀柔区	平谷区	密云区	延庆区
学校数量(X_0)	1	1.10	2.73	1.66	0.68	2.11	0.44	1.68	1.56	1.16	1.80	1.46	0.75	0.87	0.84	0.65
常住人口(X_1)	1	1.43	4.39	2.57	0.72	4.09	0.38	1.36	1.77	1.33	2.42	2.07	0.48	0.53	0.58	0.40
GDP(X_2)	1	1.74	2.51	0.64	0.24	2.64	0.08	0.30	0.34	0.76	0.37	0.29	0.13	0.10	0.12	0.06
交通覆盖率(X_3)	1	1.05	0.78	0.78	0.60	0.65	0.07	0.18	0.40	0.38	0.26	0.40	0.09	0.18	0.10	0.10
居住小区数量(X_4)	1	1.59	3.25	2.24	0.50	2.81	0.51	1.20	1.48	0.77	1.46	1.19	0.40	0.31	0.43	0.31
机关单位数量(X_5)	1	1.46	0.88	0.51	0.18	1.41	0.12	0.19	0.15	0.19	0.24	0.26	0.12	0.13	0.11	0.02

根据表4-31计算比较数列居住用地、公共服务用地、产业单位、教育资源和医疗资源与参考数列人口的绝对差值序列，分别记为Δ1，Δ2，Δ3，Δ4，Δ5，其差值统计如表4-32所示。

灰色关联分析的参考数列与比较数列差值统计表　　　　表 4-32

地区	东城区	西城区	朝阳区	丰台区	石景山区	海淀区	门头沟区	房山区	通州区	顺义区	昌平区	大兴区	怀柔区	平谷区	密云区	延庆区
$\Delta 1 = \|X_0(n) - X_1(n)\|$	0	0.33	1.67	0.91	0.04	1.98	0.06	0.32	0.21	0.17	0.63	0.61	0.28	0.34	0.27	0.25
$\Delta 2 = \|X_0(n) - X_2(n)\|$	0	0.64	0.22	1.02	0.44	0.53	0.36	1.37	1.23	0.39	1.42	1.18	0.63	0.76	0.72	0.59
$\Delta 3 = \|X_0(n) - X_3(n)\|$	0	0.05	1.95	0.87	0.08	1.47	0.37	1.49	1.16	0.78	1.54	1.06	0.66	0.69	0.75	0.55
$\Delta 4 = \|X_0(n) - X_4(n)\|$	0	0.49	0.53	0.58	0.18	0.69	0.08	0.48	0.09	0.39	0.34	0.27	0.35	0.56	0.41	0.34
$\Delta 5 = \|X_0(n) - X_5(n)\|$	0	0.36	1.85	1.14	0.50	0.71	0.32	1.49	1.41	0.97	1.56	1.21	0.63	0.73	0.74	0.63

由表4-32可知，两级最小差为0，两级最大差为1.98，分辨系数 ρ 取0.5，进而依据关联系数计算公式计算关联系数，分别记为 $\zeta_1(k)$，$\zeta_2(k)$，$\zeta_3(k)$，$\zeta_4(k)$，$\zeta_5(k)$，关联系数统计如表4-33所示。

灰色关联分析的参考数列与比较数列关联系数统计表　　　表4-33

地区	东城区	西城区	朝阳区	丰台区	石景山区	海淀区	门头沟区	房山区	通州区	顺义区	昌平区	大兴区	怀柔区	平谷区	密云区	延庆区
$\zeta_1(k)$	1	0.75	0.37	0.52	0.96	0.33	0.94	0.76	0.83	0.86	0.61	0.62	0.78	0.74	0.79	0.80
$\zeta_2(k)$	1	0.61	0.82	0.49	0.69	0.65	0.73	0.42	0.45	0.71	0.41	0.46	0.61	0.56	0.58	0.63
$\zeta_3(k)$	1	0.95	0.34	0.53	0.93	0.40	0.73	0.40	0.46	0.56	0.39	0.48	0.60	0.59	0.57	0.64
$\zeta_4(k)$	1	0.67	0.65	0.63	0.85	0.59	0.93	0.67	0.92	0.72	0.75	0.78	0.74	0.64	0.71	0.75
$\zeta_5(k)$	1	0.73	0.35	0.46	0.66	0.58	0.75	0.40	0.41	0.50	0.39	0.45	0.61	0.57	0.57	0.61

由表4-33计算常住人口、GDP、交通覆盖率、居住小区数量、机关单位数量对学校数量的关联度，分别记为 r_1，r_2，r_3，r_4，r_5，根据关联度 r_i 公式如下：

$$r_i = \frac{1}{n}\sum_{k=1}^{n}\zeta_i(k), k=1, 2, \wedge, n$$

计算得出 $r_1=0.73$，$r_2=0.61$，$r_3=0.60$，$r_4=0.75$，$r_5=0.57$，关联度进行排序得出 $r_5<r_3<r_2<r_1<r_4$，上述关联排序表明居住小区数量对学校数量的影响最大，其次是常住人口，GDP、交通覆盖率和机关单位数量对学校数量的影响相对较小。

4.3 政策评估

北京市16个区根据历年中小学入学情况，分别制定了符合各区的入学政策（表4-34）。

北京市各区小学招生政府政策统计表　　　　表 4-34

区域	非本区京籍	非京籍
东城区	在本区居住及工作 3 年以上	五证： 1. 北京市居住证（有效期内居住登记卡 / 暂住证） 2. 父母或其他监护人在京实际居住证明（规范有效的房屋租赁合同、房主房产证复印件、房主身份证复印件、租房完税证明原件、居住地社区流管部门的流动人口登记证明） 3. 父母或其他监护人在京务工就业证明（规范有效的受聘合同或劳务合同、受聘单位法人代码证书或营业执照复印件（加盖公章）、单位人事部门出具的工作证明（加盖公章）、在该区内缴纳社保证明（各区有不同的要求）） 4. 户口所在地乡镇政府出具的在当地没有监护条件的证明 5. 全家户口簿等证明、证件（父母户籍不同一户口本上的需要出示父母双方的结婚证明、父母双方户口簿、孩子出生证明、生育证明、预防接种本，即俗称的"小绿本"） 针对各证的时间要求，根据各区的相关政策
西城区	实际居住或工作	
朝阳区	无	
丰台区	在本区居住及工作 3 年以上	
石景山区	本区居住或本区房屋产权证，无房在本区居住及工作 3 年以上	
海淀区	本区居住或本区房屋产权证，无房在本区居住及工作 3 年以上	
门头沟区	同上	
房山区	同上	
通州区	同上	
顺义区	同上	
昌平区	同上	
大兴区	同上	
怀柔区	随其父母在本区连续单独承租并实际居住 3 年以上且在住房租赁监管平台登记备案，同时其父或母在延合法稳定就业 3 年以上	
平谷区	同上	
密云区	同上	
延庆区	同上	

北京市各区针对本市非该区的户籍学生的招生条件基本为"随其父母在本区连续单独承租并实际居住3年以上且在住房租赁监管平台登记备案，同时其父或母在延合法稳定就业3年以上。"其中西城区和朝阳区无明确规定年限，但是根据其相关政策，基本都优先按照片区划分。

针对非京籍的孩子入学提交较为复杂。需要五证，其中详细证件大概需要20个，非京籍孩子入学相对困难。

5 建议与策略

5.1 现状情况与问题小结

5.1.1 教育资源集聚明显，配置不均衡

首先表现在区域间失衡。北京市教育失衡既表现在中心城区和郊区学校办学条件和教育发展水平的差距，也表现在同一地区内部经济发达区域和经济薄弱区域学校办学条件和教育发展水平的差距。其次表现在城乡间失衡，城市居民和农村居民的子女获得教育机会和享受到的资源绝对是不一样的。最后表现在校际间失衡，同一个地方，学校资源的配置成不均衡状态。

从北京市总体分布看，教育资源明显集聚于中心城区（东城区、西城区、朝阳区、丰台区、石景山区和海淀区），郊区的教育资源相对薄弱。其中，海淀区、朝阳区、西城区、东城区的资源配置是最好的，门头沟区、延庆区、怀柔区、平谷区、密云区等是资源配置相对较差的区域。从学校数量看，接近一半的学校位于中心城区；从在校生数量、专职教师数量和教育培训机构看，均超过一半分布在中心城区；同时中心城区在教育条件、经济水平、位置条件和交通条件方面也优于郊区。

通过基础教育资源分布的信息熵的计算可知：北京市16个区学校分布均衡度排名为：朝阳区>东城区>海淀区>石景山区>西城区>大兴区>顺义区>昌平区>丰台区>延庆区>平谷区>通州区>门头沟区>怀柔区>密云区>房山区，北京市16个区学校分布优势度排名与之相反。可见中心城区基础教育资源的空间分布较郊区相对均衡，聚集现象明显。

5.1.2 优质教育资源紧缺，分布不均衡

所谓优质学校，主要以"重点学校"为表征。虽然"重点学校"的叫法已被新《义务教育法》废除，北京市也三令五申表明义务教育中不再设立重点校，但实际生活中，受到经济、社会等各方面因素的影响，各学校水平依然参差不齐，

优质学校依旧稀缺。经统计，北京市优质学校占全市学校总量的比例不足三分之一，且优质教育学校比较集中在首都核心区以及海淀区、朝阳区等经济教育发展水平偏高地区，郊区优质教育相对落后。

通过首位度模型计算可知，北京市16个区优质学校总排名为：海淀区＞西城区＞东城区＞朝阳区＞通州区＞顺义区＞大兴区＞石景山区＝房山区＞丰台区＞昌平区＞门头沟区＝怀柔区＞密云区＝延庆区＞平谷区。约65%的优质学校位于中心城区；对于优质小学，延庆区仅有2所，平谷区和密云区仅有3所；对于优质中学，门头沟、怀柔区和平谷区均有且仅有1所；这种聚集现象使得优质教育资源分布极不均衡。

5.1.3 教育机会不公平、不均衡

教育机会不公平、不均衡体现在：

一是家庭的经济状况造成的个体受教育机会不均；二是家庭社会地位和背景不同造成的教育机会不均。

1. 入学机会存在不公平问题

北京外来务工人口子女的受教育机会直接反映出这一群体受教育的平等权益问题。第一，公办学校入学条件的门槛太高。并且目前北京很多公立学校借读的必备条件是外来务工人口子女的父母必须有"三证"，此外，他们还必须交纳高额的学费和各种名目繁杂的赞助费，这些教育程序上的困难和经济上的高额征收很明显将大部分外来务工人口子女排斥在外。第二，私人民办学校、农民工子弟学校办学水平低。师资力量相对较差，由于学校的各项建设得不到政府的资金拨款，因而不能聘用到高水平的师资团队，导致北京外来务工人口子女虽然可以入学却不能保证学习质量。

2. 教育过程中存在不公平问题

可以分为主观和客观两方面来讨论：

客观方面主要指教育资源配置问题，这里存在"两个不均衡"的问题，即城市和农村的教育资源配置不均衡，重城市，轻农村，最好的设施、师资和管理等流向城市；而同一个地区又有重点校和薄弱校之分，同一学校又分"实验班""重点班"和"普通班"。这样造成少数重点学校与大多数非重点学校之间严重不平

衡，择校风越刮越厉害。在广大农村，特别是经济欠发达地区的农村，由于长期投入不足，校舍简陋，师资质量差，适龄儿童的入学率低，教育发展的速度远远低于城市。教育资源配置的人为倾斜，实际上侵犯了部分学生，尤其是落后地区和处于不利社会地位的孩子的平等受教育权和平等享受教育资源的权利。优质教育资源的不足，加剧了受教育机会的不平等。

主观方面主要是指教师在教学过程中是否能平等的对待不同的学生。教师在课堂上给予不同学生发言机会的不公，对学生的关注了解程度的不同等，都会影响学生受教育的效果。还有个别教师喜欢与有权、有势、有钱家庭的子女交往，对一些家庭则不交往。这使得一些处于不利地位的孩子生活在不和谐的环境中，影响其健全地发展。教育的公平是最根本的公平，也是最基本的公平，很难想象，一个受过十几年不公平教育的孩子，当他踏上社会之后怎么去公平地对待社会。

3. 教育结果存在不公平问题

教育权利平等和教育机会均等最终都将体现在教育结果的公平方面。教育结果不公现象主要表现为以下几个方面：首先，各区经济发展水平不同，教育资源投入的差异，导致了不同地区的教育质量不同。不同家庭背景的学生成功机会不同。父母的职业、文化程度以及家庭的经济条件都是影响学生成功的重要因素。有数据显示，来自干部家庭和知识分子家庭的学生，他们学业成功的机会要比来自农民家庭的学生的学业成功机会高得多。

5.2 影响因素与机制分析

导致教育外部不公平现象的因素非常复杂，有些是社会深刻变革中产生的矛盾和问题的体现，有些是发展中伴生的问题，有些是社会主义初级阶段长期存在的问题和深层次矛盾，概括起来主要有以下几个方面。

5.2.1 区域经济发展不平衡

北京教育发展的目标一直是在追求"优质均衡"，但具体到各城区，教育发展的情况依旧不平均,这与其经济状态有着密切的联系。受经济实力的制约,各城区对教育的投入自然不同,从而加大教育发展的不均衡,加上个人环境、条件不同,不同地区之间,特别是城市与农村的差距越来越大。经济的落后导致一些地区和家庭陷入贫困,贫困又导致其用于教育的经费有限,教育落后又导致更加贫穷,以此往复,陷入恶性循环,使得受教育者承担了教育不公的后果。

从人均GDP看,西城区、东城区、海淀区和朝阳区位列前位,远高于远郊各区的人均GDP。海淀区、朝阳区、东城区和西城区对教育的投入也位列前位,居民对教育的重视程度也较强,而相对经济实力较弱的其他各区则表现比较弱势,对教育的投入远不及海淀和朝阳等区,几乎只为其教育财政支出的一半,门头沟区和怀柔区甚至不足一半,从而直接影响各区教育发展的水平,导致不均衡现象的出现。所以,经济实力的强弱直接影响教育的发展。

5.2.2 教育政策的非公平倾向

教育制度的非公平倾向主要体现在教育资源的失衡、教育政策和规则的不公。长期以来,在以"城市为中心"体制的作用下,城乡、区域社会经济发展不平衡,从而制约了城乡之间、区域之间教育公平的实施。加上教育资源分配过多注重效率,强调教育的直接经济价值,在资源配置中重视高等教育,轻视义务教育,这种现象严重损害了教育公平。另外,各教育阶段实行层层设置的重点学校制度、高考分省划定录取分数制、高等教育实行收费制等人为因素加剧了教育领域内部资源配置的失衡,使得受教育者升学的关键由本身努力与否演变成家境、人际条件的竞争,这本身就是一种不公平。

5.2.3 人口基础与教育资源空间配置不匹配

人口基础直接影响着学龄人口、实际在校生数量,其空间分布及流动都会引发学龄人口变化、实际在校生数量变化等,均会导致社会发展中教育需求的差异存在,对区域教育资源空间配置产生直接的制约影响作用。空间范围内的人口基础客观决定着学龄人口数量及空间分布变化,直接影响着学校布局数量、教师、办学条件及教育经费等资源配置。教育资源空间配置相对一定的情况下，适龄学龄人口越多，意味着受教育在校生数量越多，学生人均教育资源占有量就越少。从北京市公共教育资源空间配置情况已得到验证。

5.3 建议与策略

教育公平的实现是一个长期的过程，它的特征决定了教育公平的相对性和永恒性，它是实现教育发展和社会公平公正的动力，需要全社会的共同努力。作为社会公平重要组成部分的教育公平的实现，并不能仅靠教育部门自身的努力，而必须依靠政府和全社会的共同努力。为优化北京市基础教育资源空间配置，教育需协同财政、人社、发展和改革委等多部门，为实现教育公平提出以下几个方面的建议。

5.3.1 推进学校标准化体系建设

学校标准化体系建设是提高教育质量、缩小义务教育发展差距和实现教育公平的综合性教育改革举措。一是以标准体系建设为重点推动基础教育学校标准化建设。根据北京市各教育学段发展特点及时更新基本办学标准，制定学校教室、实验室等校舍功能空间设计与教学设施、仪器设备配备标准，形成完善的学校标准化体系。二是加大对薄弱学校的扶持力度，制定加强薄弱学校改造的规划和年度工作目标，使薄弱学校能够获得稳定发展的机会，保证各校生源底线和基本办学规模，以满足学龄人口高峰时的学位需求。三是建立和完善薄弱校与周边优质校之间教育资源共享、教育教学交流与合作及校际协同的机制。

5.3.2 提高基础教育的影响力

提高教育辐射影响力。增强教育的开放程度和国际竞争力，突出教育在吸引和聚集国际化高端人才中的作用。促进教育功能疏解，逐步完善京津冀区域教育协同发展机制，提升首都教育的辐射带动作用。建成与"智慧北京"相适应的、功能齐全、服务高效的智能化教育服务体系，数字教育资源更加开放与共享。

5.3.3 优化教育投资，合理配置教育资源

政府应遵循公平的分配原则，合理分配教育资源，构建合理的公共教育财政制度，遵循弱势补偿原则，适度向农村倾斜。同时，优化教育类型之间的投资比例，重视基础教育。我国是发展中国家，教育经费来源十分紧缺，因此应充分利用各级财政政策和宏观调控手段，积极采取政策导向机制，采用合适的市场机制拓宽教育经费来源。

促进北京市基础教育发展需要完善北京市教育投入体制，在以政府财政投入为主的同时，充分发挥市场在基础教育资源配置中的作用。健全教育财政投入体制，需要定好"标准"和"责任"。一方面，要尽快制定北京市不同规模学校的基础教育生均经费支出标准和拨款标准。另一方面，要厘清市级和区级政府教育事权和支出责任，加强市级政府的统筹力度。促进社会资本与财政投入合作。按照"非禁即入、一视同仁、竞争择优、合理回报"的原则，放宽社会资本市场准入，降低准入门槛，取消各种不合理前置审批事项，拓宽社会资本进入教育领域的渠道。

5.3.4 建成公平、优质、创新、开放的教育体系

努力办好人民满意的教育，促进教育公平，提升教育质量。增加学前教育资源，扩大普惠性幼儿园覆盖面。深入推进学区制改革和九年一贯制办学，促进教育资源优质均衡配置。完善义务教育和高中阶段教育体系，全面实施素质教育。健全来京务工人员随迁子女接受义务教育保障机制，保障特殊人群受教育权利。推进具有首都特色的现代职业教育发展。强化高等教育内涵发展，在人才培养、科学研究、社会服务、文化传承与创新、国际交流与合作方面发挥更大作用。构建灵活开放的终身教育体系，建设学习型城市。

5.3.5 推进优质化、多样化、规范化教育模式

增加优质教育供给。坚持立德树人，强化理想信念教育，素质教育全面实施。进一步增强教师的数量、结构和专业化水平高等学校优势特色学科建设。进一步完善北京教育新地图。多样化人才培养模式。基础教育课程改革全面深化，职业教育与普通教育相互渗透，高等学校实现分类发展。完善不同类型学习成果的互认与衔接机制和转换认定制度。增强学生的社会责任感、法治意识、创新精神和实践能力，进一步提高应用型人才和创新型人才培养能力。规范教育治理体系，形成教育领域中政府、学校、社会的新型关系基础，加强市级政府教育统筹力度，保障学校依法自主办学权利，完善社会广泛参与支持教育的机制、渠道。初步形成机制健全、职能完善、方法科学、手段先进、权威高效的现代教育督导体系。

5.3.6 建立出生和入学需求动态监测机制

"全面二孩"政策的实行会加速学龄人口波动幅度，对现行教育规划和资源分配体系造成较大冲击，需逐步建立以教育部门为主导，财政、人社和发展改革委等部门相配合的"朋友圈"，形成各部门协调联动的学位需求动态预警机制，在人口和学龄人口信息共享的前提下，各部门应协同、及时和有效地发布引导性政策，有效保障公共教育资源的充分供给。同时，根据北京市基础教育阶段外来人员随迁子女占比较高的特点，应构建全市统一的外来人员随迁子女管理和服务系统，做到全市范围内统一调配教育资源。应根据《义务教育法》和相关政策文件的规定，在建立外来人员随迁子女教育资源信息平台基础上，提供其平等的受教育机会，妥善处理外来人员随迁子女就学问题。

5.3.7 制定适应学龄人口变化的教育发展规划

制定教育发展规划应充分考虑各年份、各学段、各区域的学龄人口变化规律及特点。由于未来十五年，北京市各学段达到人口峰值的年份不同，故在制定教

育发展规划时，应加强九年一贯制以及十二年一贯制学校的推广和建设，以便适时、适度在学校或教育集团内部实现不同学段教育资源的共享，缓解各学段入学压力。在疏解非首都功能的重要阶段，部分区人口规模、分布变动较大，应及时获取最新的各片区人口规模和年龄结构数据，不断提高学龄人口预测的精确性，适时调整教育发展规划。针对学龄人口聚集的片区，进一步挖潜和盘活可利用的教育用地和资源，如在现有校舍基础上扩建，对闲置的教育资源加以利用，特别是要加强对与现有学校资源临近的已出租的教育资源的利用。调整学校内部班额，加强片区内学校资源共享，满足学位需求。

5.3.8 探索教师弹性编制和灵活用人机制

受到学龄人口高峰和教师生育"二孩"的影响，北京市基础教育阶段教师缺口在不同年份间变动较大，故应根据不同年份教师缺口情况分配弹性编制，建立更加灵活的用人机制。探索教师"区管校用"模式，将部分教师的"所有权"归属区一级，以便对教师进行区内调剂。建立"临时聘用教师机动库"，以根据各校实际需求优化师资配置。适当给予合并校新增编制或公开招聘青年教师解决教师年龄结构老化问题。以招生困难学校富余教师为主要对象建立"教师补给库"，通过培训提高教师素质，以应对教师缺口。

师资力量的差异也是导致教学效果差异的重要因素。发达地区学校的教师除了拥有先进的教学设备和优质的教学资源，还可以有大量的学习和培训机会。乡村偏远地区由于资金条件等因素的限制，出门参加培训的机会很少，利用网络平台的远程学习就可以弥补这一不足。网络学习不受空间时间的限制，教师自主安排学习进度，交流先进的教学理念和经验，吸取和借鉴别人的优点，从而促进教育观念的转变，教学手段的更新，为教育的公平和均衡发展提供可能。

参考文献

[1] 张全友. 新型城镇化进程中教育资源配置研究[J]. 成功(教育), 2012(11): 60-61.
[2] HansenW.G. How Accessibility Shapes Land Use[J]. Jam Inst Planners, 1959(15): 3-6.
[3] 顾鸣东, 尹海伟. 公共设施空间可达性与公平性研究概述[J]. 城市问题, 2010(5): 25-29.
[4] Eck J R., de Jong T. Accessibility Analysis and Spatial Compe-tition Effects in the Context of GIS-supported Service Location Planning[J]. Computers, Environment and Urban Systems, 1999(23): 75-89.
[5] Gimpel JG., Schuknecht JE. Political Participation and the Ac-cessibility of the Ballot box[J]. Political Geography, 2003(5): 471-498.
[6] Pinch S. Inequality in Pre-school Provision: A Geographical Perspective[J]. Public Service Provision and Urban Develop-ment, 1984: 231-282.
[7] Chul-Woung Kin, Sang-YiLee and Seong-ChulHong. Eq-uity in Utilization of Cancer Inpatient Services by Income Classes[J]. Health Policy, 2005(72): 187-200.
[8] Talen E. The Social Equity of Urban Service Distribution: An Exploration of Park Access in Pueblo, Colorado, Macon and Georgia[J]. Urban Geography, 1997(6): 521-541.
[9] Erk ip F. The Distribution of Urban Public Services: the Case of Parks and Recreational Services in Ankara[J]. Cities, 1997(6): 353-361.
[10] Nicholls S. Measuring the Accessibility and Equity of Public Parks: A Case Study Using GIS[J]. Managing Leisure, 2001(6): 201-219.
[11] 俞孔坚, 段铁武, 李迪华, 彭晋福. 景观可达性作为衡量城市绿地系统功能指标的评价方法与案例[J]. 城市规划, 1999(8): 8-11, 43.
[12] 隗剑秋, 邹进贵. GIS可达性分析在城市商业网点中的应用[J]. 武汉化工学院学报, 2005(2): 94-96.
[13] 胡志斌, 何兴元, 陆庆轩, 陈玮, 李月辉, 刘常富. 基于GIS的绿地景观可达性研究——以沈阳市为例[J]. 沈阳建筑大学学报(自然科学版), 2005(6): 671-675.
[14] 马林兵, 曹小曙. 基于GIS的城市公共绿地景观可达性评价方法[J]. 中山大学学报(自然科学版), 2006(6): 111-115.
[15] 尹海伟, 孔繁花. 济南市城市绿地可达性分析[J]. 植物生态学报, 2006(1): 17-24.
[16] 王远飞. GIS与Voronoi多边形在医疗服务设施地理可达性分析中的应用[J]. 测绘与空间地理信息, 2006(3): 77-80.
[17] 陶海燕, 陈晓翔, 黎夏. 公共医疗卫生服务的空间可达性研究——以广州市海珠区为例[J]. 测绘与空间地理信息, 2007(1): 1-5.
[18] 王松涛, 郑思齐, 冯杰. 公共服务设施可达性及其对新建住房价格的影响——以北京中心城为例[J]. 地理科学进展, 2007(2): 78-87.
[19] 万波, 杨超, 黄松, 董鹏. 基于层级模型的嵌套型公共设施选址问题研究[J]. 武汉理工大学学报(信息与管理工程版), 2012, 34(02): 218-222.
[20] 崔敏, 蒋伟. 均等化视角下的农村基本公共服务设施布局研究——以河南省镇平县农村为例[J]. 规划师, 2011(11): 25-30.
[21] 张英杰, 张原, 郑思齐. 基于居民偏好的城市公共服务综合质量指数构建方法[J]. 清华大学

学报：自然科学版，2014（3）：373-380.
[22] 刘安生，赵义华. 基于可达性分析的常州市乡村地区基本公共服务设施布局均等化研究——以教育设施为例［J］. 江苏城市规划，2010（06）：8-10.
[23] 吴波. 基于改进后潜能模型的公共文化服务设施服务强度评价研究［J］. 规划师，2010（S2）：32-35.
[24] 高军波，周春山，王义民，et al. 转型时期广州城市公共服务设施空间分析［J］. 地理研究，2011（03）：40-52.
[25] 车莲鸿. 基于高斯两步移动搜索法空间可达性模型的医院布局评价［J］. 中国医院管理，2014，34（02）：31-33.
[26] 王瑞，陈波睿. 基于GIS的学校布局合理性评价方法的探讨［J］. 科技资讯，2015，13（30）：255-256.
[27] 陶晓波. 社区商业设施满意度测评指标体系实证研究——以北京市为例［J］. 北京工商大学学报（社会科学版）（6）：21-27.